東北怪談

～水辺で魔物が交差する～

寺井広樹
正木信太郎

TOブックス

炎、というのは動物の本能からか、警戒し怯える人がほとんどだろう。

触れれば即ち、火傷になり、度合いが重ければ死につながる。

直感的に身の危険を感じさせる。それが炎だ。

では、水はどうだろう?


肌を流れても何ら問題はない。

それどころか、真夏に自ら進んで大量に浴びることすらある。

さらに、浮き輪をつけて浮かびさえする。

朝起きて、歯を磨き、顔を洗う。米を炊き、食事をして会社や学校に行く。途中、トイレに寄り、用を足して、手を洗う。帰宅し、風呂に入って寝る。

そう。水はあなたの傍に必ず存在する。生活から切り離すことは不可能だ。

日常において、人は水を恐れない。あまりにも近い存在だからだろう。

しかし、水は危険なのだとあなたの本能は理解しているはずだ。

水の事故。

——溺死。

人は呼吸せずして生きることはできない。

実に、水深七センチで死亡した事例もある。

わずかな水があれば、人は死ぬのだ。

必要不可欠であるがゆえに、皆、その死をもたらす物の本質から目を逸らす。便利な物だと、優しい物だと、生命の起源だと、有難がり重宝する。

その実、一歩間違えれば黄泉の国に連れていかれてしまうと知っているのに。

この本が、あなたが忘れているとても大切なことを思い出す一助になれば幸いである。

水を恐れるということを。

正木信太郎

東北怪談～水辺で魔物が交差する～　目次

一　浅

（福島県　いわき市）

【音】セン
【訓】あさ―い
【意味】水かさが少ない。底までが近い。

Nさんという女性が、二十年前、高校生だった時の話だ。

彼女は、福島県の四倉海水浴場に遊びに来ていた。夏休みを満喫しようと、普段から仲良くしているクラスの友達たちから誘われたのだ。
同級生たちが砂浜にシートを広げて寝そべっている。スクール水着のようなワンピースや大胆にビキニを着てくる女子と、ショートサーフパンツやトランクスタイプの水着を着た男子が談笑している。中には日頃の鍛錬を見せ付けたいのか、ブーメランパンツを着用して辺りを練り歩いている者もいたそうだ。

自分も同じように横になり、日焼けに精を出していた。いつもは教室でみんなと話すのは楽しいが、今日ばかりはどちらかといえば避けたい気分だった。話題のほとんどが恋愛にまつわる内容だったからだ。Nさんは、クラスの中では奥手な部類だったという。

そのような理由で、彼女はやはり似たような消極的な女子のグループと一緒に黙って日光浴をすることになってしまっていた。

女性だけで固まっていたからか、頻繁に来るナンパがウザかった。

声を掛けられるたびに上半身を起こし、申し訳なさそうに手を振り、拒否の意思を示す。最後まで相手の話を聞き、できるだけ丁寧に断りを入れた。

去年の夏、ある友達が寝たまま軽くあしらったことで、相手が気を悪くしたのか激昂し、暴力沙汰になったことを来る道すがら聞いたからだった。

そんなことになってしまえば最悪、補導され親や学校に連絡が行く。それだけは避けたかった。そうした理由から、彼女は目立たないよう浜辺で寝転がることに励んでいた。

昼過ぎ。

海の家で軽食を取ったNさんたちは、再び海辺へ戻ってきた。

座ってジュースを飲む男子、日焼け止めクリームを熱心に塗り込む女子、サンオイルを塗りあっているカップル。

思い思いに友達たちがグループ行動を楽しむ中、Nさんはひとり、波打ち際で落書きをして遊んでいた。なんとなく今日の級友たちとは絡みにくい。

返した波が寄せてくるまでの間、濡れた砂の上に指で簡単な絵や英単語を書いて、それが波に攫われるのを見て面白がっていた。

「——ねぇ、君」

突然、声を掛けられた。

自分に向けられたものだということも、なんとなくわかった。

「え?」

声のした方を見ると、寄せた波の上に頭だけ出している青年がいた。

顔は青白く、およそ真夏の海には似つかわしくない。その表情は、笑っているようでもあり、困っているようでもある。

どうやら首から下は地面に埋まっているようだ。

友人にでも罰ゲームで埋められたのかと思ったが、海面が高くなってしまっては洒落では済まなくなる。

助けを求められるのだと思った。

しかし、「暇？　ひとり？」と続けざまに問われた。

ここで、よく理解できなかったが自分はナンパされているのだと自覚した。

直後、波が引いていき、泡立つ波に一瞬その首が見えなくなった。

（あ、これは苦しいだろうな）

口や鼻の穴に海水が入るのだ。

想像して、鼻の奥がツンと酸っぱくなる。

次の瞬間。

「あれ？」

首だけの青年は消えていた。

目を逸らした覚えはない。

身体ごと埋まっている人が、一瞬でいなくなるだろうか？

そう思ったら、照りつける日差しを無視して、肌が粟立った。


「――ねぇ」


後ろからだった。

バッと振り向くと、友達のひとりが真っ青な顔色でこちらを見ている。

「今の……何？」

その答えをNさんは持ち合わせていなかった。


あとから冷静になって考えてみれば、それまで周囲には誰もいなかったのに、なぜそれまで、声の届く距離で埋まっている人間に気が付かなかったのか。

その後、二人——Nさんとその友達——は、夏になると海に行くことを避け、プール専門になったということだ。

二　氾

（秋田県　秋田市）

【音】ハン
【訓】あふ―れる　ひろ―がる
【意味】ひろがる。あふれる。水がひろがる。

一九九八年（平成十年）、秋田県秋田市で総雨量が所により百五十ミリメートルを超えるおそれがあるため大雨洪水警報が発令された。

明けて。

当然のごとく、市内は床下・床上の浸水がところどころで見受けられ、復旧にもかなりの時間を要すると絶望視されていた。

そんな中、独り暮らしの男性Aさんは洪水とは別の悩みを抱えて困っていた。

彼が『それ』を見たのは、会社からの帰り道を歩いていたときだったそうだ。

警報が出される前日、社長の判断で全員が昼過ぎに帰宅することになった。

Aさんも例外ではなく、帰る準備をしていたそうだ。

忘れ物はないか、持ち帰らなければならない私物はないかと確認をしていると、事務所のドアが勢いよく開いた。

「いやぁ、ひどい雨だね。傘も役に立たないよ」

同僚が営業の外まわりから帰ってきたのだ。彼のスーツは、スラックスが濃く変色するほどずぶ濡れになっていて、ジャケットからも水滴が滴り落ちている。可愛そうに、頭からバケツで水を掛けられたようだった。

Aさんは社長から帰宅命令が出ていることを伝えようと、同僚に向き直り声をかけた。

「え？　そうなの？　携帯に連絡一本入れてくれれば、そのまま直帰したのに」

恨めしそうな顔の同僚に、自分のせいじゃないからと、苦笑して応える。

「じゃ、お先に」

Aさんは、軽く挨拶《あいさつ》をして、今しがた同僚が入ってきたドアから出ていこうとした。

「あ！　ちょっと聞いてくれよ」

刻々と雨脚が強くなってきているので、引き止められたくはなかったが、腕を掴まれてしまった。人にそこまでして話したい内容とはなんだろうと、少しだけ興味を持ったAさんは、傍の椅子に座ると、続きを促した。

「いやな、そこの住宅街を突っ切って帰ってきたんだけどさ」

普段は、バス通り沿いに歩いて帰ってくるのだが、大雨を気にして近道をして帰ってきたのだという。そのわりには、効果はなかったように見えるが。

「で、この大雨だ。水はけは良いんだけど、たくさん水溜まりができてきてな」

舗装されてはいるが、メンテナンスが行き届いておらず道路にできた凹凸《おうとつ》の影響で数ミリの水深が現れる。

滅多に通らない道だ。防水の革靴とはいえ、数センチの窪みがないとは限らない。これ以上靴下が水を含み不快な気分にさせられるのは勘弁と、注意深くして歩いていた。

「そしたら、ちょっと先の方に子供がいてね」

住宅街の中、自社へと続く直線道路の向こうに、ひとりの子供が佇んでいたのだという。

「……子供？」

翌日には大雨洪水警報が発令されようという最中だ。たしかに人通りは少ないだろう。しかし、子供がいたというくらいで、どうしたというのだろう？

「いや……、そうだな。たぶん、男の子……だと思う？」

「なにそれ？」

「見たのは一部分だから」

一部だから、子供かどうか自信がないのだという。

「でも、子供だったんでしょ？」

「それが、水溜まりの水面にな。鼻から上だけを出した子供のような頭があって、こっちを睨んでいたんだよ。びっくりしたけど、もっとよく見ようと近づいたらすぐ消えたよ」

「は？」

同僚は、今見てきたものが見間違いか、疲労による錯覚だと思っているらしく、「働きすぎかな？　俺」と、半笑いでAさんを見た。

「疲れてるんだよ。ずっと外回りで、この雨だ。何かが水面に反射して見間違えたんじゃないか？　だいたい、すぐ消えたんだったら、それこそ錯覚だろう」

同僚は、「そうかなぁ？」と、考え込むような素振りをすると、ロッカールームへと消えていった。そこで会話は打ち切られた。彼も早々に職場を去りたいのだろう。

Ａさんは、同僚の変な話に付き合わなければ、もっと早く会社を出られたのにと、時間を無駄にしてしまったことを後悔しながら、会社をあとにした。


翌々日。

警報が発令された前日は、仕事が休みになってしまったこともあって、Ａさんは誰よりも早く出社していた。溜まった仕事を早く片付けようという目論見だ。

一番乗りの事務所で、キーボードをカタカタと打っていると、ひとり事務員が出勤してきた。十代でいつも明るく、笑顔を絶やさない女の子である。

「おはようございます……」

普段なら元気良く溌剌《はつらつ》と挨拶をする彼女が、明らかに覇気がない。

「どうしたんですか？　顔色が悪いように見えるんですけど」

すぐどうしたのかと訊くこともできるがデリケートな話だった場合、セクハラと指摘されてしまう危険もある。少し考えて言葉を選んだ後、Ａさんも朝の挨拶を返した。

しかし、その子からの返事は意外なものであった。

「いえ……ご心配かけてすみません。実は、そこの住宅街を抜けてきたんですけど、途中の水溜まりで変な子供が居て……」

「……子供？　それってひとり？」

彼女が肯定するとばかりに首を何度も小刻みに振って頷いた。

またか、と驚いた。先日の同僚の台詞が脳裏に甦《よみがえ》る。

「それって、水面から頭半分出してる子のこと？」

「……はい……」

女性は、まったく腑に落ちないといった表情でAさんから視線を逸らした。

「一昨日も似た話を帰り際に聞きましたよ。何かそう見えるようなものが、水面に反射していただけなんじゃないですかね？」

そうですかね、とまだ何か言いたげな彼女を横目に、仕事があるからとモニターに視線を移した。悪い気がしたが、他人の幻覚に付き合っていられるほど時間に余裕はなかった。

その日の午後。

昼食のあと、会議室でコーヒーを飲みながら寛いでいると、件《くだん》の同僚が話しかけてきた。

「この前、子供を見たって話をしただろ？　あれ、他にも見ている人がいるみたいだぞ」

「あぁ、事務の女の子のことだろ？　今朝からずっと顔色悪いよな」

Aさんが、振り向いて同僚の話に応える。食後の雑談のつもりだ。

しかし。

「え？　あの娘も見たっていってるのか……いや、違うんだよ。あの後、帰ってから妻にその話をしたら、近所の奥さんが大通りの路地の入り口で見たっていっているらしいんだ」

同僚が見たという会社近くの住宅街とはまったく違う場所である。

「それに、子供の同級生たちも見たってクラスで騒ぎになっているって」

今度は、Aさんが午前中の事務員と同じ『腑に落ちない』表情をする番だった。

「みんな同じものを見たのか？　全員、違うものを見ていたってこともあるだろう？」

否定的に聞き返してみるが、同僚は真剣そのものだ。

「詳しくは聞いてないが、たぶん同じ子供だろう」

「不思議なこともあるもんだな。そこまで多くの人が目撃しているとなると、見間違いじゃあないかもな。にわかには信じられないが、本当に幽霊が化けて出たってことも有り得るのか。それとも妖怪の類か？」

Aさんは、茶化すように肩をすくめたが、同僚の表情は変わらなかった。


その日の晩、Aさんは家路を急いでいた。

比較的被害が軽かったAさんのアパートは、せいぜい雨漏りするくらいだ。

ただ、その処置がその場しのぎ程度だったので、きっとどこか漏れているのではないかという不安から、早く帰りたかったのだという。

そればかりではない。時間が経ってからはじめて不具合が顕在化する場合もある。急な引っ越しの費用など準備もしていなければ貯金もしていない。そもそも、越す先の当てもないのだ。

すっかり暗くなった住宅街の路地を足早に歩く。

あたりに通行人はいない。住人も、誰一人として外に出ていない。ぽつんぽつんと外灯が灯っているが、そのうちの何本かは切れかけていて明滅し、普段よりも薄暗かった。

――と。

Aさんの行く前方二十メートルくらいのところ。水溜まりから、頭部の上半分を出している子供の影が見えた。

朧《おぼろ》な輪郭ではあったが、反射的に側溝に落ちた子供だと思った。咄嗟《とっさ》に助けなければと走って近寄り、腕を伸ばした。

すると、腕をがしっと掴まれた。怯えて必死になっているのか、とても子供の力とは思えない。だが、限度というものがある。すでに大人の握力だとしても異常だ。

小さな子供と思ったが、暗くてよく見えてはいなかった。実はそう思い込んだだけで本当は大人だろうか。それとも、火事場の馬鹿力というやつか。

そう考えた次の瞬間。

ばしゃあっ！

水面が勢いよく弾け、満面の笑みを浮かべた男の子が水から顔だけ覗かせた。

「ううわぁ！」

びっくりして思わず手を放したが、相手が放してくれない。

雨天で気温が低いにもかかわらず、額からドッと尋常じゃない量の汗が吹き出る。

「放せ！　放して、放してくれぇ！」

こっちが火事場の馬鹿力が出ていたことだろう。しかし、相手の爪がスーツ越しに食い込んできて腕がずきずきと痛んだ。

左右に大きく身体を振って逃げようとするが、まったく埒《らち》が明かない。

突然、後ろから怒鳴り声が聞こえた。

「おい！　どうした？」

振り返ると、同僚がこちらに駆けてくるところだった。

「たすけ……助けてくれっ！」

Aさんも力の限り怒鳴ったその瞬間、腕を掴んでいた手がスウッと消えていった。

時間にして、ほんの二、三分の出来事だった。

「どうしたんだ？」

怪訝《けげん》な顔で問う同僚に、Aさんは今起きたことを事細かに話したそうだ。

「そりゃ、本当に幽霊か妖怪なのかもなぁ」

さっきの自分同様、茶化す同僚の声にAさんは憮然とするばかりだった。

Aさんは帰宅すると、仕事の疲れから何もする気になれず、すぐに布団に潜り込んだ。寝巻きに着替えたとき、爪の跡で赤くなった皮膚にも嫌悪感があった。腕を掴まれた感覚がまだ残っている。朝になれば忘れてくれているはずだ。翌日の自分に期待を寄せる。何の解決にもならないが、テレビと、部屋の蛍光灯を点けたまま、寝てしまったそうだ。

どのくらい時間が経ったのか。

Aさんは、蛇口から勢いよく流れる水の音で目を覚ました。

ワンルームである。目線の先には、すぐ台所のシンクがある。

蛇口は手で回すタイプだが、なぜか全開になっている。

洗うのが面倒で汚れっぱなしになっている食器に、強い水流が当たってしぶきが上がる。

慌てて飛び起きた。小走りにシンクまで行き、蛇口をキュウッと閉める。

——ぽたり……

不意に背後で、水滴の落ちる音がした。やはり雨漏りはしているのだ。

ゆっくり振り返ると、さっきまで自分が寝ていた布団の枕元に、足首が見えた。誰かが立っているのだろうが、膝から上がない。そこを中心として水溜まりがじわりじわりと広がっていく。Aさんは、ずぶ濡れた脛を凝視することしかできなかった。

（嘘だろう……？）

無意識に身構えて、それから目が離せない。

しかし、一瞬のことだった。

フッと煙のように、それは消えてしまった。


翌晩。

昨日と同じように、テレビと、部屋の蛍光灯を点けたままで床に就いた。

なかなか寝付けなかったそうだ。昨晩のことがどうしても頭から消えてくれない。しかし、連日の激務の疲れには逆らえない。いつの間にか寝てしまったという。

Aさんが寝ていると、シャワーの音で目が覚めた。

（昨日と同じことが起きるのだろうか……？）
布団から上半身だけを起こした状態で、風呂場へ続くドアを見つめる。
シャワーを止めないと、とは思うのだが、怖くてそれ以上身体が動かない。

――と。

キュッキュ、と風呂場から蛇口を閉める音がして、シャワーの音が消えた。
次の瞬間。
ギギギィと錆びた蝶番《ちょうつがい》特有の厭な音がして、風呂場のドアが開いていく。

ペタン……。ペタン……

出てきたのは、膝から下だけの両脚だった。

「本当に驚くと、声というか悲鳴って出ないものですね。その時も、声が出なくて。それに、前日に見た足首の続きだって思ってしまって。え？　あぁ、たぶん全部同じ男の子だと思います」

そのまま何歩か進むと、足は消えていったそうだ。

翌日は、太ももまで。

そして、その翌日は臍《へそ》あたりまで現れたという。

「ただ……。首から上だけは、いつまで経っても現れなかったんです。頭って、まだどこかの水溜まりにいるんですかね。あの時は、腕を掴まれたから、勝手に五体満足だって思い込んでましたけど、頭と身体、別々になってしまってるんでしょうね」

その後、すぐに転職したAさんは両親に借金をして住処を引き払い、今は由利本荘市に住んでいるということだった。

三　濡

（山形県　米沢市）

【音】ジュ
【訓】うるおーう　とどこおーる　ぬーれる
【意味】うるおう。ぬれる。うるおす。ぬらす。とどこおる。ぐずつく。

「十年くらい前のことです。今の旦那と付き合っている時に、観光に行ったんです」

その当時、二十代だったEさんは、彼氏と二人で山形県米沢市にある水窪ダム近くに来ていた。

「旦那がダムマニアだったんです。付き合い始めから、車でいろんなダムに連れてってもらいました」

今ではEさんも、立派なダムマニアなんだそうだ。

水窪ダムというのは、最上川水系の刈安川に建設された灌漑《かんがい》用ダムである。昭和四十五年（一九七〇年）、当時の農林水産省によって着工され、昭和五十年（一九七五年）、完成した。

ダムはその後も多目的ダムとして整備が続けられ、昭和五十七年（一九八二年）にすべての工事が完了している。

ダムによって形成された人造湖は豊饒の湖と名付けられた。

豊饒の湖は観光名所として有名で、釣り好きの間では、コイ・ヘラブナ・ブラックバスが釣れることで知られている。

特に、冬場になると湖が結氷するため、ワカサギの穴釣りとしても有名な観光スポットとなっている。

Eさんと彼氏は、豊饒の湖ではなく水窪ダムを目当てに、山形県米沢市に来ていた。五月のGWを利用した二泊三日の観光旅行だった。

二人は市内に宿を取り、旅行初日の午前、水窪ダムの最寄りであるJR関根駅に降り立った。

本当は車で行く予定だったのだが、Eさんの彼氏がホテルの駐車場に着くなり「最寄り駅から歩いていった方がダムを楽しめる」と言い出してきかなかったのだという。

Eさんは気が進まなかったが、付き合い始めということもあって、子供のようにはしゃぐ彼氏に付き合うことにしたそうだ。


駅に着くと、ぽつんぽつんと自分たちと同じような観光客が目についた。

おそらくは釣りに来たであろう、道具を持って歩いている人もいる。

県道232号を東に歩き、県道376号に入る頃に、景色は完全に山道になっていた。

外灯のようなものはほとんどなかった。

二人は、「日が暮れる前には戻らなきゃね」と話しながら進んでいったということだ。

三十分ほど歩くと、眼前に水窪ダムが現れた。

二人は、水窪ダムの北西側の外周約五キロを往復するつもりだったそうだ。

時間にして三時間程度の散歩だ。

歩き始めて、四十分ほど経ったときだ。

道路が少し湖から遠ざかるところで、前方からひとりの男性がこちらに向かって歩いてきた。

それまでは、誰ともすれ違わなかった。彼氏と同じように、ダム好きな人なのだろうとEさんは思ったが、特に気にすることはなかったそうだ。

水色の長袖シャツに、薄色のデニム。片方の肩にリュックを背負い、逆側の手には高価そうな一眼レフカメラが握られていた。

「こんにちは」

爽やかな笑顔で、男性が挨拶をしてきた。

彼氏が「どうも」と返し、Eさんは軽く会釈を返した。

「観光ですか？　お気をつけて」

と手を振りながらEさんたちが来た道を歩いていったそうだ。

男性が行く先の道は大きく右に曲がっていた。

しばらくしてEさんが振り返り、その後ろ姿を見送ると、男性は道なりに右に折れて見えなくなった。

「やっぱり、あなたと同じダムマニアかな？」

「どうかな。あのカメラ。釣り客じゃなさそうだったけど、写真家なのかもね」

そんな会話をしながら、二人は大きなヘアピンカーブを曲がり、再びダムに近づいていった。


曲がると、今度は左カーブが目に入ってきた。建設の都合か、県道３７６号はぐねぐねと曲がりくねっていた。

カーブの少し手前に来たときだ。

曲がり角から、すっと人が現れた。

それは、先ほどすれ違った男性だった。

水色の長袖シャツに、薄色のデニム。リュックを背負い、一眼レフカメラを持っている。

「あれ？　さっき……」

Ｅさんがつぶやくように独りごちた。

次の瞬間。

「こんにちは」

あの笑顔で、手を振る。

二人は、

「え？　ドッキリ？」

とあたりを見まわして、テレビカメラを探してみるが、隠れられるような物影はどこにもない。

「観光ですか？　お気をつけて」

男性がさっきとまったく同じセリフで、近づいてくる。

呆然としていた。

呆然としたが、すれ違う瞬間、奇妙な音が聞こえてきた。

——びしゃ……びしゃ……

見ると、男性の下半身がずぶ濡れなのだ。

歩くたびに、びしゃびしゃと音を立てて、アスファルトが濡れていく。

靴からは、吸収しきれない量の水があふれ出ている。デニムも、明らかに水浸しで変色してしまっているようだった。

二人は、振り返ることも、先に進むこともできず、その場に固まっていた。

しばらくして、振り返ってみると、自分たちが曲がってきたヘアピンカーブを男性は曲がっていった。

「あの人、なんだったんだろう？」

Eさんが、彼氏の顔を見て聞いてみるが、彼氏は首を横に振る。

「わからないよ。でも、気味が悪い人だね」

「最初に会った人と双子……とか？」

気になった。気にはなったが、先に進むことにした。まだ陽が高く、明るい。怖がるほどではない。

単に、変な人だったということもある。

二人は、再度湖に近づくように道路を歩いていった。

今度は、湖に沿って左に曲がるような経路だ。

左手は、落石注意と書かれた標識が立っていて、見上げるほどの崖があり、右手にはすすきが生い茂っている。

Eさんは、気を紛らわせるために、すすきを一本抜こうと茂みに近づいた。

そこで、Eさんは腕を強く掴まれ、彼氏に抱き寄せられた。

驚いて彼氏の顔を見ると、これから自分たちが行く道の先を睨んでいる。

「………あれ見ろ」

促されて見た彼氏の指さした先、あの男性が満面の笑みで近づいてくるところだった。

歩くたびに、びしゃびしゃと音を立てて、アスファルトが濡れていく。

今度は、全身から水が滴っている。髪の毛も、顔も、たった今、湖から上がってきたかのように濡れている。

水色のシャツは濡れて肌に張り付き、せっかくのカメラも、もう壊れて使えないだろう。

「ひっ……」

思わず悲鳴が口から洩れた。

「こんにちは。観光ですか？　お気をつけて」

と、手を振ってくる男性に、全身が震えた。

彼氏もがたがたと震えているのが、掴まれた腕から伝わってくる。

限界だった。

「……逃げよう」

彼氏が視線を男性から逸らさずに、小声でEさんに伝える。

頭が理解するかしないかというタイミングで、Eさんが踵《きびす》を返し、彼氏もEさんが走り出したのを確認すると走り始めた。

「おーい！　おーい！　おーいぃぃぃぃ！」

背後に響く自分たちに掛けられているであろう呼び声を無視して、全力で走った。

この先には、後ろにいる男性と同じ男性が二人いるかも知れないという考えは頭になかった。

とにかく、この状況から逃げ出したい。その一心だった。


気がつくと、二人は、先ほどのヘアピンカーブの手前にいた。

両肩で呼吸をする。息が整うのを待つより、まわりが気になった。

焦るように周辺を見回すが、彼氏以外は誰もいない。

彼氏は、全力で走ったからか、恐怖の限界からか、道路に大の字になって倒れている。

「大丈夫？」

Eさんが彼氏に近寄ろうとしていると、遠くからエンジン音が聞こえてきて、一台の車が自分たちが逃げてきた方から現れた。

――と。

車が減速して目の前で停まる。

「あんたら、どうした？　そんなところに寝っ転がって」

心配した運転手が窓から顔を出す。

「いや、すみません、ちょっと、それが」

心臓の鼓動が邪魔になって、思うように話せない。

「とにかく、ここで転がるのは迷惑だよ。動けないなら乗せていくけど、どうかね？」

二人は、運転手の提案に乗らせてもらった。

「いやー、いったいどうしたのか、びっくりしたよ。あんなところで」

運転手は、このダムを管理している企業の職員だという。

「それが……」

Eさんは、今起きたことを話して聞かせた。

信じてもらえるという期待はしていなかった。ただ、誰かに聞いてほしかったのだ。

ルームミラー越しに運転手がこちらを見てきた。

「あぁ、それかぁ……それなぁ……もうそんな時期かねぇ」

一体何のことか理解できず、ただルームミラーに映る目を見つめるだけだ。

「それねぇ、夏場になると見たって人が増えるんだよ。何年か前に水の事故で亡くなった青年だって地元じゃ言われててね」

「え？」

それしか言えなかった。

「写真を撮るのに夢中になってたんだかなんだか、足を滑らせて転落死したって話でね。遺体が発見されたのは死んですぐだったらしいんだけど、翌日からその青年が『出る』って噂になったんだよ。前の担当者から話を聞いてはいるんだけど、私は見たことないなぁ。

あんたら、うらやましいよ」
ルームミラー越しの目がにやっと笑った。

四　溺

（山形県　山形市）

【音】デキ
【訓】おぼ―れる
【意味】水にはまる。水中に沈んで苦しむ。

二〇〇八年七月二十三日。山形県の山形市と遊佐町の小学校でそれぞれプールの事故があった。どちらも、女子児童が事故に遭う形だった。

Mさんは小学五年生の当時、山形市の小学校でその事故を目撃した人のひとりだという。

「その瞬間は目撃してないのですが……」

競泳の授業だったそうだ。

その日、曇りはしていたものの、最高気温が三十度を超える真夏日だった。

生徒たちは、暑い中の水泳の授業とあって、とてもはしゃいでいた。

そして、先生もどこか嬉しそうだった。

授業が始まって、どれくらいか。

ドボンッという大きな音とともに、誰かがプールに飛び込んだ。

音の方を向いたMさんは、なんとなくそこを見ていた。

するとすぐに、プールが赤く染まり、大慌てで先生がそこに泳いでいくのが見えた。

直後、先生がひとりの女子生徒を抱えて水から上がる。大声で呼びかけるが、何の反応もない。

「救急車！　保健室の先生を呼んできて！」

先生が怒鳴ると、誰かが水着のままで保健室へと走っていった。

ただ、ぐったりとした同級生の色を失った顔が、現実味を帯びていなくて、どこか他人事のように感じた。

そのあと、授業は中止。何がどうなったかもわからず、帰宅させられた。

あとになって、事の顛末《てんまつ》を母親から聞かされた。

それによると、そのまま病院へ搬送された生徒は、すぐに緊急の手術が開始された。翌朝までの大手術となったそうで、頸椎《けいつい》骨折の大怪我だったものの、一命は取り留めたという。

結局、その子のリハビリは長期に渡り困難を極めた。一度、その様子を見てしまった同級生たちは、ショックを受けたのか、見舞いにも足が遠のいたそうだ。

だがMさんだけは、その事故よりも、その『変なもの』の方が脳裏に焼きついてしまったということだった。


当時、Mさんは仲の良い同級生の友達と一緒に水泳の授業を楽しんでいた。

準備運動をして、整列すると先生から諸注意があった。

『授業』といっても名ばかりだったようだ。基本的には最初の十分程度、バタ足の練習や水の中をゆっくり歩くなどして、身体をプールに慣らしたあとは、自由時間だった。

みんながはしゃぎ始めて、数分。

Mさんは、同級生のひとりと一緒にプールサイドに座っていた。

その友達と、とりとめのない話をしていた。

——と。

「あれ？　あの人、なんだろう？」

友達が、逆側のプールサイドを指差してつぶやいた。

つられて視線をそちらにやると、ひとりの老人が自分たちと同じようにプールサイドに座っている。足を、水面に浸かるか浸からないかといったあたりで、ぶらぶらと揺らしている。

気味の悪い老人だった。顔一面にしわが寄っていて、どこを見ているのかわからない。にやにやとしていて、時折、手を揉むような仕草をしている。

「さぁ……。でも、学校じゃ見ないよね、あんな人」

Mさんも同意して頷いた。

——ドボンッ
「あ、誰か飛び込んだね」

「うん……」

友達が何かいったようだったが、Mさんは上の空だった。

次の瞬間。

あの老人が、げらげらと笑い出した。

十メートルほど離れたところからでもわかる、隙間だらけの乱杭歯《らんぐいば》。まともに磨いたことなど一度もないであろう、黄ばんだ表面。虫歯もあるのか、黒い部分まではっきりと見て取れた。

Mさんは、離れているにもかかわらず、老人のひどい口臭がここまで臭ってくるような錯覚に襲われた。

次の瞬間。老人は、さらに大声で笑いだし、両手でぱんぱんと拍手をしながら、どれだけ自分がおかしいのか主張するかのような行動をし始めた。

「ねえ、あの人、おかしいよ」

飛び込んだ方を見ている友達に、Mさんが老人を指さしていう。

「え？　あれ？　あの人いなくなったね」

「えっ？」

友達を見ていたMさんが視線をもとに戻すと、もうそこには老人の姿はなかった。

そのあと、件の事故の騒ぎで老人のことは忘れられてしまった。

この話題が出ることになったのは、翌週になってからだったそうだ。

Mさんと友達の二人が同級生たちに、そういえば、と聞いてまわったのだが、誰も心当たりがなかった。

「あんな人を見たのは後にも先にもあのときだけです。いや……そもそも人だったんでしょうか？　どうにもそうとは思えなくて」

Mさんは、現在もプールに行くのは苦手だといっていた。

五　沈

（山形県　山形市）

【音】チン
【訓】しず－む　しず－める
【意味】深入りする。水中に深く入る。おちこむ。

第四話『溺』を、親交のある怪談作家Sさんにしたところ、とても驚かれた。

というのは、似た話を、同じ県内で聞いたことがあるからだそうだ。

曰く。

山形県の遊佐町で、二〇〇八年七月二十三日、水の事故が起きた。

ある小学校での出来事で、一年生の女子児童が、授業終了間際の点呼でいないことが発覚。直後に、プールの底に沈んでいるのが発見された。

すぐさま教諭が人工呼吸をし、その後、病院に搬送された。一時的に意識不明の重体ではあったが、意識を取り戻し、一命を取り留めている。

「その時、Kさんという人が、笑う老人を見たっていってるんですよ。偶然にしては、気味が悪いでしょう?」

先に紹介した怪異と、Sさんの聞いた怪異は、約百二十キロも離れている。

同年同日、似たような状況で目撃された老人。

なぜ笑っていたのかは、本人に聞かないとわからないことだが、恐らくは事故が発生したことを喜んでいたのだろう。

Sさんに、その人物を紹介してもらい、取材のお願いをしたのが以下の様子だ。


喫茶店の片隅で、コーヒーを飲みながらの取材に応じてくれたのは、Kさんという男性だ。事故のあった当時、遊佐町のW小学校に在籍していたそうだ。

「午前中でした。正確な時間まではちょっと……すみません」

軽く頭を下げるような仕草をして、彼はテーブルの上に置かれたアイスコーヒーをひと口飲んだ。当時を思い出すのが怖いのか、少し緊張しているように見受けられた。

「一年生と二年生の合同授業だったのは覚えています。生徒数が少ないですからね。都会ではそんなことないのでしょう?」

その日、授業は滞りなく終わろうとしていた。

最後に生徒全員を整列させて点呼を取る。人数確認のためだった。

すると、数が足りない。ひとり分、数字が少ないのだ。

騒然としたが、すぐにプールの真ん中で沈む生徒が発見された。

応急処置の人工呼吸と、駆けつけた救急によって病院に運ばれ、どうにか助かったのだという。

「それで、事故が起きる少し前から、『おじいさんがいる』っていう同級生が何人か居て。どのくらい居たか、ですか? いやぁ、そこまではちょっと……ごめんなさい」

先ほどと同じように謝るKさんであった。

「で、プールサイドに座っている老人を俺も見たんです。ひざから下を水に浸けていて、すごく汚い格好をしてました。特に、歯並びが印象的で」

聞くと、先に出た山形市での目撃談のように、乱杭歯でとても手入れしているようには見えなかったそうだ。

「授業の終わり、ちょうど『ひとりいない！』って先生が言い出したあたりで、大笑いし始めたんです、そいつ」

ここまでは、同じ内容だ。

「プールの底に沈んでいるのが発見されて、プールサイドで人工呼吸しているときに、そいつ、『ひーひーっ』って、もう笑い過ぎて限界のように、地面をばんばん叩いていて」

人が死んでいくのが、これ以上ない娯楽だという様子だったそうだ。

「不思議だったのは、その時、誰にいっても理解してもらえなかったんです。何人かの友達たちは『いるいる！』って指さすんですけど、他の友達や駆けつけた他の先生なんかは『ふざけるんじゃない！』って怒るばかりで……。信じてもらえなかったので、その時はそれ以上は黙っていました」

そのあと、女子児童は病院に運ばれることになる。

「地面を叩いた跡が、黒くなっていくんですよ。プールサイドの白く塗られたコンクリートが、じわぁっと墨でもこぼしたみたいに」

Kさんが、両手で何かが広がるような手振りをする。

「それで、気絶している女の子が担架に乗せられて救急車に運ばれていくときに、そいつ、一緒に乗っていったんです」

――手を叩いて笑いながら。

最後、Kさんが見たのは、救急車のバックドアの向こう、運転席と助手席のちょうど間で、笑い声を押し殺して女の子を覗き込んでいた、あの老人だったという。

「バックドアが閉じる瞬間、老人がすごく悔しそうな顔したんです」

バタンとバックドアが閉まって救急車が走り去ると、いつ車から降りたのか、老人が立っていた。

そして、頭をボリボリと掻くと、地面に染み込むように消えていってしまったのだそうだ。

「今でも、水難事故の話題はニュースで流れると、あの老人の嬉々とした顔を思い出すんです」

Kさんは、あれが死神ってやつですかね、と身震いしていた。

六　涅

（山形県　上山市）

【音】デツ　ネ　ネツ
【訓】くろ　くろつち　くろ―める　そ―める
【意味】黒い土。どろ。黒い色。また、黒に染めること。

Tさんという二十代の男性から聞いた話だ。
彼は、いわゆる誰もが想像する日本家屋に住んでいた。
何代も続いた由緒ある、というわけではないが、祖父の祖父からの家で、今はTさん夫婦と子どもたち、Tさん夫婦それぞれの両親、そしてTさんの祖父祖母という大所帯で暮らしている。

ある春先のことだ。

その日、Tさんの仕事は休みで、居間に寝転び読書を楽しんでいた。

ふと、何か鼻をつく臭いに気がついた。

それは庭にある大きな池からだと思った。

ずいぶんと長く手入れをしていない。

水面には藻が生え放題で、よく見ると油が浮いている始末。池にいた生物などここ十何年かは、ぼうふらかプランクトンのような微生物くらいなものだ。

祖父の祖父が幼い頃は、それはそれは美しい庭池で、高額な鯉が泳いでいたと祖父から聞かされた。ただ、その祖父も『自分が子供の頃のじいさんの話』だからと半信半疑な様子で、Tさん本人も（どこまで本当だか）と疑ってかかっていた。

そんな臭いの元を一瞥《いちべつ》して、なんとなく『掃除するか……』と立ち上がり、物置からスコップを取り出してきて、短パン姿になると、水の中に入っていった。


しばらく、水底の汚泥をすくい上げていた。長い間放置されていたのは理解できるが、ペットボトルのキャップやゲームセンターで使うコインが出てくる理由がわからない。

そして、何よりもビーチサンダルを履いているとはいえ、履物から伝わってくるぬかるんだ感触が気持ち悪い。

早く掃除を終えようと自然と手が忙しなく動いた。

すると。

ずずっと、スコップの先が柔らかい土に飲み込まれていった。

あっ、と思ったが遅かった。

どれだけ強く力を込めようとも、引くことも押すこともできなくなってしまった。

(弱ったな。これじゃあ、掃除が進まない)

そう思っていると、ぐぐっとスコップが勝手に深く沈んでいく。

びっくりして、柄を握り締めて抵抗するが、抜けるどころかだんだんと水底に引き込まれていく。

このままでは、自分も腕から引きずり込まれてしまう、と手を放した。

次の瞬間。

水面に刺さっているように見えていたスコップが、音もなくすぅっと垂直に上がっていったかと思うと、全体が池の中から出てきた。

唖然として見ていると、柄の反対側、スコップ面の付け根部分を持った腕が出てきた。

「はぁ?」

思わず声が出た。

するとその腕は、ぽいっと池の外に持っていた物を放り投げてしまった。

いったい何が起きたのか理解できなかった。


その晩。

将棋を打ちに行っていた祖父が帰ってくると、Tさんは昼間あったことを話した。

「あいつ、まだ居たのか」

と、ゲラゲラ笑いながら、昔あったことを教えてくれた。


それは、祖父が今のTさんと同じ二十代の時のことだった。

ある日、祖父――つまりTさんの高祖父――から、池が臭いように思えるから綺麗にしておくように、と命じられた。

しぶしぶ、道具を持って庭に出た。

濡れながら汚泥を汲み上げていると、木製の円匙《えんし》の先に、固い何かが当たった。

（どうした？）

突然のことに手を放すと、中から丸坊主の頭が出てきた。

おそらく池底から出てきたであろう、全体的に黒く粘度のある土が頭を覆っている。その下から、爛々《らんらん》とした目だけが、恨めしそうにこちらを見ている。

頭頂部に、今自分が使っていた円匙の先端が少しだけ刺さっていたが、頭部が上がってくるときの揺れで、バシャッと水面に倒れ浮かんだ。

抜けた跡から、かなりの血が流れ出ていて、（ああ、この目つきは、怒っているんだ）と、そこで祖父は思ったそうだ。

しばらくお互い固まっていると、不意に水面から腕が出てきて円匙を掴んだ。

そのまま、ぽいっと池の外へ投げ捨ててしまったそうだ。

祖父はびっくりして、家の中へ逃げ帰った。

夜になって仕事から戻った高祖父にその話をするとゲラゲラと笑いながら、

「あいつ、まだ居たのか」

と楽しそうにいわれたのだという。

「高祖父も会っていたとすると、百年以上前の話ですかね。本当は埋め立てたいのですが、何かあったらと思うと、怖くてできないんですよね」

と、Tさんは頭を掻きながら困った笑顔を浮かべた。

七　雨

（青森県　五所川原市）

【音】ウ
【訓】あま　あめ
【意味】空から落ちてくる水滴。

五所川原駅へと続く、ある道路での出来事だ。

その日、Mさんは駅へ行く道を歩いていた。
東西に長く延びる道路で、幅は軽トラックが一台どうにか通れるくらい。左右の視界にはシャッターが下りたスナックが点々と並んでいる。おそらくは、夕方からの営業なのだろう。二階、三階建ての、背の低いビルがぽつんぽつんと建ち並び、二十台ほど収容可能な駐車場が同様に並んでいる。

地面は朝からの霧雨で、しっとりと濡れ、小さい水溜まりができている。まだ、日が高く、空は曇ってはいるが太陽が透けて暗くない。涼しくなり始めた仲秋にはよくある光景だ。

Mさんは、地面から上がる独特な『雨の匂い』を楽しみながら、歩いていた。

前方には二人、こちらに向かって男性が歩いてきていた。後方はというと、男性がひとり、女性がひとり、別々に歩いていて、Mさんと同じ方向に向かっていた。

途中、はたと立ち止まった。煙草に火をつけようとしたのだ。


――と。


突き当たりになっているT字路を曲がって現れたのは、ビーチパラソル大の番傘をさした背が低いショートカットの少女だった。

番傘は道幅に収まっているが、あの大きさならば後ろから追い抜くことも前からすれ違うことも困難だろう。

ご機嫌なのか、両手でもった巨大な番傘を上下に動かしながら、にこにこと笑っている。

（なんだろう……?）

不思議な光景だった。人口五万人の市である。あれくらい目立つことをしているなら、見たことはなくても、誰かから噂くらい聞くことがあるのではないか。

なんなら、地方紙で話題になりそうなものだが、そうした記事を読んだ記憶もない。

ここで、Mさんは気がついた。その少女に注目しているのは、自分だけだということに。少女の前を歩く二人の男性も、自分と同じ方向を見ているはずの男女も、誰ひとりとして、あの少女に気を取られていない。


――そんな子いない、とばかりに。


自分だけが知らなくて実はとても有名な子供なのだろうか、それとも気が付いてはいるがあえて見ぬふりをしているのだろうか、と煙草を吸うことも忘れて思案していると、少女がすうっと左手の細い路地へと曲がっていった。同時に、ばさっと大きな番傘を閉じた。

なるほど、あの傘の直径では突き掛かるはずだ。

そこで気になった。

どこに行くのか？　先には、二階建てのビルと広い駐車場があるだけだ。いったい何の用だというのだろうか。

Mさんは釣られるように、少女が入っていった細道の入り口に近づいていった。


——がっ！　がっ！


（何の音だ？）

角から顔を出すと、そこには足一本に一本歯下駄の唐傘がぴょんぴょんと跳ねていた。

Mさんは、唖然とした。子供の頃、祖母に読んでもらった絵本に出てきて、自分を泣くほど怖がらせた、あの唐傘のお化けがそこにいるではないか。

アスファルトを削るような音とともに、唐傘が遠ざかっていく。

あっという間に、路地の向こう側に出てしまった唐傘のお化けは、大きく跳ねて左に曲がった瞬間、ばさりと傘が開いた。

曲がり角でぽかんと口を開けてそれを眺めていたが、すぐに我に返ると走って追いかけ

た。そして、同様に大通りに出て、ぱっと左に視界を移した。
Mさんが見たのは、さっきと同じ巨大な番傘を持つ少女の後姿だった。
茫然とそれを見送ったが、以降二度と遭うことはなかったそうだ。
雨上がりには変なものを見ることもあるんですね、とMさんは関心していた。

八　汲

（秋田県　秋田市）

【音】キュウ
【訓】く―む　ひ―く
【意味】水をくむ。水をくみあげる。引っぱる。引き上げる。みちびく。

三年前、十代後半のSさんという女性から聞かせてもらった話だ。

彼女は、日本家屋に住んでいたそうだ。
増田町の重要伝統的建造物群保存地区にある古民家に負けるとも劣らないほどの家構えであったが、いかんせん朽ちていた。
度重なる水害や、補修管理費用が追いつかないことが悩みの種だった。

雨漏りや隙間風。廊下の一部は、家族の誰かが踏み抜いてしまって、大きな穴が空いたままになっていた。

Sさんの家族やSさん本人はその穴に引っ掛かりかすり傷を負うことも、すでに日常茶飯事になっていた。


ある日。

『これじゃだめだ』とSさんの父が突然いい出した。どこで借りたのか、修繕費用も準備されて、急に建てかえることになったそうだ。

とにかく、学生のSさんの意見は無視される形で新築にすることが決まったそうだ。

何度か業者が自宅を訪問し『ここをこうする』とか『あっちをどうする』という打ち合わせが執り行われた。

それは結局のところ、費用を少しでも抑えるために、『今あるものはできるだけ流用しよう』という話し合いだった。

『新築』という話はいつの間にか『改築』に変わっていた。

それからしばらくして。

Sさんが学校から帰ると、父親が業者と庭で立ち話をしているのが目についた。なんとはなしに聞こえてくる会話に耳を傾けていると、庭の隅にある井戸をどうしようか、という相談だということがわかった。

庭の隅には、一基の古井戸があった。Sさんは、祖父から『俺のじいさんの時代から使われてない』と聞いていたが、具体的にいつ頃から存在してたのかまでは聞かされていなかった。

どうやら車井戸というものらしい。滑車に綱をかけ、その両端につけた釣瓶で水を汲み上げる仕組みがあるものだ。

それに電動式のポンプを取り付けて、洗濯用水に利用したらどうか、という話だ。

Sさんの父は、かなり乗り気だった。

結果、『節約』という言葉ひとつで、井戸を改造することが決まった。

家屋の改築は費用の問題から、少し先延ばしになったが、井戸はすぐ着工された。

本格的な現地調査で、井戸の状況確認と、寸法とりが進められる。

業者の『あ、これは深井戸ポンプじゃないとだめですね』という一言で、機器の手配に時間がかかり、費用も高くなった。

何度も問題が浮上したが、取り付けだけは二週間程度でつつがなく完了した。

井戸の口をコンクリで固めて、電動ポンプが入るだけの穴を空けて、電動化する。

ついでに、という感じで台所の蛇口を増設した。それは、業者から薦められた『食器を洗うときにだけ使う』蛇口だった。

業者からは、『飲料として使う場合は、保健所による水質検査を受けてから』とアドバイスされていた。基本的に、水質検査をすることは義務ではない。しかし、飲用となると安全面を考慮した検査が必要だった。

つまり、蛇口を二つに分けることで、誤用を防ごうというわけだ。

最初は、何の問題もなかった。至って普通に使えていて、出てくる水も無色で無臭。家族の誰もが心配するようなことはなかった。

改築は少し先になってしまったが、Sさんは新しくなった蛇口と洗濯機に付いたホースが嬉しかった。

そしてまた別の日。

いつものように学校から帰ってきたSさんは、手を洗おうと蛇口をひねった。

「あれ……?」

井戸水が勢いよく出るはずだった。しかし、何も出てこない。

何度も、閉めてはひねるを繰り返したが、結果は同じだった。

居間にいる母を見つけて、蛇口から水が出ないことを告げた。

すると、「変ねぇ」と言いながら台所に向かった母も、Sさんと同じように蛇口を何度も操作したのだが、結果は何一つとして変わらなかった。

今度は帰宅した父に、母が井戸水の調子が悪いというと、父もSさんや母と同じように蛇口をまわす。

「あー……これはだめだな」

父は諦めが早かった。すぐに業者を呼んで見てもらおうという結論になった。

業者が来たのはそれから二日後だった。

休日だったSさんは、縁側に座り、ぼんやりと業者の作業を眺めていた。

（大変そうだな）

井戸の上に設置した電動ポンプは十キロ以上あるそうで、それを二人の業者が両端に手を入れて持ち上げている。

春先とはいえ、取り外しまでの細かな作業で額に玉のような汗が吹き出ている。

ようやく電動ポンプが退かされ、まわりの蓋《ふた》も外されて、中が確認できるようになった。

「こっちは問題なさそうです」

二人の会話が聞こえてきた。

ひとりが井戸の中をのぞき、もうひとりがポンプを調べる。

「うーん、機材にも問題はないなぁ」

どうやら、井戸の中も、ポンプにも問題がないようだ。

「ん？　あれ……？」

ポンプを調べていた業者が、水を汲み上げる管をのぞいて慌て始めた。

「おい、これ」

「え……？」

何かを手のひらに載せて、もうひとりに見せている。

Sさんからは、業者二人の背中が邪魔になって、何を見ているかがわからない。

片方の業者が振り向くと、

「すみません。お父さんかお母さんを呼んできてもらえませんか？」

という。

「あ、はい」

Sさんは、父がいる書斎に行った。

「お父さん、なんか業者さんが呼んでるよ」

「あぁ、わかった。今、行く」

縁側に戻ると、母が業者と話していた。

そこに後ろから来た父が加わった。

「これ……なんですけど」

「いやだぁ、お父さん、気持ち悪いよ」

母が厭そうな顔をして、こちらを見ている。

父も、それを見ると小さな声で、

「うわっ……！」

と悲鳴を上げて動かなくなってしまった。

Sさんは（なんだろう？）と庭に下りて四人に近づいた。

「お前は見るな！」

父が怒鳴ってSさんを遠ざけようとしたが、もう遅かった。

業者の手には、ものすごい量の『人間の髪の毛』があったそうだ。

全員が信じられないといった感じで、その人毛を見つめていた。

その後、『井戸の底に髪の毛が捨てられていたんだろう』という話になり、解散になった。

Sさんの父と母は『昔からあるのだから、そういうこともあるだろう』とあまり気にしていない様子だった。

翌日。

Sさんが学校に行こうと玄関で靴を履いていると、後ろから声が聞こえてきた。

「あー、まただよ。水が出てない」

母の声だ。洗濯機をまわそうとして、水が出ないようだ。

Sさんは、気にせず登校した。


Sさんが帰宅すると、父も母も暗い顔をして、居間に座っている。

「どうしたの?」とSさんも母の隣に腰を下ろす。

「今朝ね、井戸水がまた出なくなったのよ。それですぐに業者さんを呼んで見てもらったんだけど、これ……」

そういって、母はちゃぶ台を指さした。

父や母に気を取られて、気がつかなかったのだが、そこには何か薄黄色の大豆のようなものが無数に散らばっていた。

(これはなんだろう?)と顔を近づけて、一気に飛び退いた。

それは、人間の歯だったからだ。

——切歯、犬歯、臼歯《きゅうし》。

黄ばんだ人間の歯が、転がっている。欠けているものもあるが、ほとんどは根元から引き抜いたように、そのままの形を残している。

「え？　え？」

Sさんは、父の顔と母の顔を交互に見ることしかできなかった。

「この前の髪の毛と同じところから出てきたって業者さんが……」

母が俯いたまま、誰にいうわけでもなくつぶやいた。

そして、これだけでは終わらなかった。

生爪、その次は砕けた骨。水が出なくなるたびに、業者を呼んだ。

その都度、人体の一部が出てきたというのだ。

耐えられなくなった両親は、改築の貯金を切り崩して、大規模な調査を依頼したという。

いったんすべての水を汲み上げたそうだ。

「管につまるってことは、底に何かあるのかも知れないですね」と、業者。

水を全部抜いてから、調査のために人がひとり、井戸に入っていった。

深井戸である。昼間にもかかわらず、上から強力な照明で中を照らす。


――すると。


そこには何もなかった。

立ち会った全員が『きっと出てくる』と思っていた髪の毛も、歯も、爪も、骨も。

大量に出てきたということは、少しくらい井戸の底に残っていそうなものだ。

一同が不思議に思う中、底から発見されたのは礎石だった。

『昭和四十七年六月三日』

おそらく井戸を掘り終わった日付なのだろう。

それは、Sさんの父が二歳か三歳くらいの年だ。

調査に入った業者も、作りから『祖父の祖父の時代』とまでは古くないだろうと教えてくれたそうだ。

「あぁ、思い出した」と父がつぶやく。

それは、四十年ほど前のことだ。

Sさんの父は、当時、友達と一緒にできたばかりの井戸で遊んでいた。

滑車がまわるのが楽しかったのだろう。

そんな中、友達が誤って井戸の中に落ちてしまったそうだ。

大騒ぎになる中、家族や近所の人、友達の両親が駆けつけて助けようとした。

しかし、友達の姿は井戸の中をどれだけ捜しても見つからなかったという。


「井戸から見つかったものって、子供のものだったと警察から聞きました」

Sさんは、改築したときに何かとんでもないものが発見されてしまうのではないかと恐れているそうだ。

九　滝

（宮城県　加美郡）

【音】ロウ
【訓】たき
【意味】高所から激しく落下する水流。

宮城県加美郡加美町に、『大滝』という滝がある。

大滝農村公園からすぐの場所で、近くの大滝神社の脇道から大滝川や大滝が見られるということだった。

Uさんという男性は、大学時代の夏に一度、この場所を訪れたことがあるそうだ。

「心霊スポットだとサークル仲間から聞いたんです。それで好奇心が湧いたから、ちょっとそういう動画が撮れないかなって、父親のステーションワゴンを借りて向かったんです」

ひとりでは心許なかったので、もうひとり、同じ学科の友達を誘って出掛けた。

仙台市内から一時間強、Uさんたちは途中休憩を挟みながら、大滝へと車を走らせた。

道中。

「サークルのAって奴から聞いたんだけど、今から行く場所、自殺の名所なんだって」

「ん？　心霊スポットだって、さっき話してたけど、それだと幽霊は関係なくね？」

「いや、その死体がどこにも流れ着かないことで有名らしいんだよ」

「へぇー。でも、結局、幽霊とかは出ないんだ？」

「幽霊とかは出ないんだけど、写真を撮るとすごい量のオーブが写るって話なんだよ」
※注　オーブ――たまゆらとも呼ばれる――というのは霊魂の一種だとされている。写真には、ぼんやりとした球状で写ることがほとんど。動画に映りこんだ場合、不規則に飛ぶ半透明の球体が確認できる。
そんな話をしながら、Uさんと友達は、オーブを写真に収めるつもりで目的地を目指した。

大滝農村公園に着いて、公園の駐車スペースに車を停めた二人は、大滝神社に向かって歩いていた。

外灯はなく、持参した懐中電灯を各々が片手に持って奥へと進んでいく。

午前一時。辺りを見回しても、自分たち以外には誰もいない。聞こえてくる音も、自分たちの足音と息遣い以外は、川の流れる音と、滝から水が落ちる音だけだったという。

ものの二、三分で目的地に着くことができた。

道なりに西へ歩いていくと、『大滝川』と書かれた朱色の橋があった。

それを渡ると左手に見えてきたのが鳥居だった。

サークルの仲間からは、その神社の脇道に入ると、滝を上から見下ろせる橋があると聞いていた。どうやら、その仲間も一度、大滝には訪れているような口ぶりだった。

鳥居の手前を左に入ると、段々になっている滝の上流が見える。さらに左に回りこむように歩いていくと、先ほどの橋の下をくぐれるようになっているのだそうだ。

さらに進むと、『こもれびの径《みち》』という看板が取り付けられた細い吊り橋『滝見橋』に出る。

二人はその吊り橋に立つと、スマートフォンで写真を撮り始めた。

単に、暇つぶしのつもりだったが、いつのまにか、『自分が先にオーブを撮ってやろう』という気持ちになってしまい、時間が経つのも忘れてシャッターを切っていった。


——どぼん!


何かが滝に落ちた。暗くてよく見えなかったが、たしかに自分たちの目の前の滝に何かが落ちていくのを写真に撮ってしまった。

二人は慌てて、スマートフォンで今撮った写真を確認した。

すると、まさに滝つぼに落下していく男性が写っていたのだ。

「あ……、こ、これ。自殺じゃ……」

最初に気がついたのはUさんだった。

震える手で、友達に写真が表示された画面を見せる。

「うわ……、ほ、本当だ。あ、俺のにも写っている……」

画面を見せられた友達は、写真を確認すると大袈裟と思えるほど、震え始めた。

すぐに自分の写真も確認すると、やはり飛び込んでいく男性が写っている。

二人のスマートフォンの夜間撮影の性能が悪かったらしく、大きくぶれてはいるが、たしかに人だった。Tシャツにジーンズのラフな格好をしているというところまでは見てとれた。

「け、警察！　い、いや、救急車？」

友達が大声を上げて画面を操作する。

しかし、手が震えて、まともにタッチ操作ができない。

Uさんは、友達が異常に怯えるのを見て、逆に冷静になった。

「俺が、一一九番に連絡するよ」

そういうと、Uさんは画面を操作し、電話の向こう側に話し始めた。

「あ、はい。事故……、だと思います。ええ、はい。いや、自殺というか、その……。今、大滝という滝の前です。はい。はい。え？　すみません、もう一度」

何か様子がおかしい。

救急の受付にいろいろと聞かれ、どうにか正確に伝えようとした。

しかし。

電話の相手が意外なことをいい出したのだ。

「わかりました。現場からは離れていませんね？　では、落ち着いて、もう一度、そこを見てみてください」

（この人は何をいっているんだ？）と思ったが、友達にも電話でいわれたことを伝え、二人で滝を覗き込んだ。

不思議なことに、人はどこにも浮かんでいない。心霊スポットの噂通り、身投げした人物の遺体は行方不明になってしまったのだ、と思った。

「見あたら……ないですね。どこにも」

Uさんは、通話にして待たせている相手に報告をした。

「そうですか。この時期、多いんですけど、けっこう同じような通報をしてくる方がいらっしゃるんですよ。結局、見間違いのようですが。念のため、朝一番で確認に担当者を向かわせます。よろしければ、昼間に連絡のつく電話番号を教えてもらえますか？」

電話の相手は、『よくあることだ』という。

Uさんは、狐につままれたような気分になったが、とりあえず連絡先を教えて電話を切った。

「どうだった?」

友達が興奮しているのか上気した顔でこちらを見ている。

「見間違いかも知れないから、それ以上、気にするなっていわれた。救急の人も忙しいのかも知れないけど、ちょっと雑だよね」

そうだな、と友達がいって、二人でけらけらと笑いあった。

「じゃ、もう帰るか」

「あぁ、なんかどっと疲れたよ」

そんな会話をしながら、二人は車に戻ることにした。

じゃあ、と踵を返したときだった。

「あれ? こんなのあったたっけ?」

友達が、懐中電灯で足元を照らした。

そこには、濡れた足跡があった。

雨は降っていない。もちろん、二人だって濡れていない。

しかし、そこにある足跡は、濡れていて、神社の方へと続いていた。

「え？　誰かいた？　それとも、飛び込んだ人かな？」

Uさんは、友達を一瞥すると、歩き始めた。


足跡を辿っていくと、神社へと出た。その先、自分たちが来た公園へと続いている。

よく見ると、靴のつま先が公園へ向いているので、公園から滝見橋へと移動したのではなく、滝見橋から公園へ移動したように思える。

道路に点々と続く足跡が、背中に悪寒を走らせる。

Uさんが、足跡を指さしてから、公園の方向を指差した。

（ここから、車まで続いてるよな？）というジェスチャーだった。

「あぁ。でも、車を降りてから、人なんて見たか？」

Uさんは、首を横に振るしかできなかった。

言葉で相手がこちらに気がついてしまうと思ったからだ。今にも、懐中電灯の光が届かないその暗闇から、誰かが飛び出して襲ってきそうな妄想に取り憑かれた。

かぶりを振って妄想を追いやると、Uさんは再び進み始めた。

大滝農村公園には誰もいなかった。

戻ってきて、車に懐中電灯を向けると、雑に停めた車の真後ろまで足跡は続いていたが、車からどこかへは続いていなかった。

駐車できるスペースは非常に広く、何十台と停めることができる。

彼らが来たときに、停まっている車は一台もなかった。

だから、斜めに停めたところで、迷惑にはならない。

二人は注意深く車の周囲を確認した。

運転席や助手席、後部座席に灯りを入れて中を覗く。

もし誰か潜んでいるなら、すぐさま全力で逃げられるように中腰になりながら。

（おい）

友達が、目でトランクを開けろと促してきた。

隠れるところがあるなら、もうそこしかないのだ。

Uさんは『しまった』と思っていた。友達も同じ言葉が頭に浮かんでいたようだ。

どうせ誰も来ないだろうから、施錠の必要はないとロックしていなかったのだ。

Uさんは、無言で頷くと、トランクの取っ手に手を掛けた。


――ガチャッ……


何も聞こえない駐車場で、ドアを開ける音だけが響いた。

ギィと開いたトランクには、男性が絶命して横たわっていた。

「うぅわぁ！」

一瞬で理解した。

淀んだ目玉、だらしなく開いた口から垂れ流れる水、そして胸を押さえた皮と骨だけの手。死んでいると判断できる材料はいくらでもあった。

Uさんは、車から離れると、先ほどと同じように震える手で、今度は一一〇番に通報した。

そのあとは、いったい何が起きたのはまったく覚えていないくらい忙しかった。現場に立ち会い、警察の聴取、父親に対する言い訳、サークル仲間や学科の友達からの質問攻め。

最初に疑われたのは、殺人だった。『二人で死体を捨てに来たんだろう?』の一点張りだったという。

弁護士が付いてくれるまでは、何をいっても信じてもらえなかったことが、精神的に彼らを追い込んだ。

Uさんと友達は、逮捕こそされなかったものの、何度も任意聴取に応じることになったそうだ。

後日、鑑識の結果を警察経由で教えてもらったのだが、あのトランクに潜んでいた死体は、発見当時、すでに死後半年は経っていたということだった。

Uさんは、それ以来、川や滝に近づくのが苦手になってしまったと話していた。

十　沼

（宮城県　仙台市）

【音】ショウ
【訓】ぬま
【意味】泥が深い池。

仙台市大堤公園にある与兵衛沼は豊かな緑と水で、地域の人たちに親しまれ、休日には散策を楽しむ人や野鳥を観察する人、釣り人などで賑わっているが、心霊スポットとしても有名である。
Yさんという三十代の男性から聞いた話だ。
彼は、過去に二度、そこで溺れたことがあるそうだ。

ある日のこと。

釣りが趣味だという彼は、真昼間、与兵衛沼へ釣りに出掛けた。

鮒《ふな》釣りをするためだった。

与兵衛沼は、東日本大震災後に一度、水抜きをしている。

そのため、バスがいないそうだ。

それでは釣りにならないということで、二〇一六年にヘラ鮒が放流され、現在では『ヘラ師』と呼ばれる釣り人が多く訪れるそうだ。

午前十一時。

天候は快晴……というには無理がある。どんよりとした曇り空で、いつ雨が降ってきてもおかしくない。

風もわずかだが吹いていて、釣り糸を垂らすのに、わずかながら障害になる。

釣りをする人間には付き物らしいが、思い通りにならない状況というのは、本当にいらいらとするそうだ。

時として、何時間も釣果《ちょうか》が出ない場合もある。人によっては、それが普通の状態だという者もいる。成果は思い通りにならないが、せめて好きなポイントに糸くらい垂らさせてくれよ、とYさんも思っていたそうだ。
水辺に立ち、他の釣り客と同じようにポイントを定める。
あとは、ヒットするのを待つだけだ。
腕時計を見ると、午前は残り三十分くらいまできていた。
（あ、昼飯を早めに済ませておけばよかった）
と思ったときだった。
右足首を誰かにガシッと掴まれた。
（なんだ⁉）
と足を見ると、人の手が自分の足に爪を立てている。
「ううわぁ……」
Yさんは、大きな悲鳴を上げる余裕もなく沼の中に引きずり込まれてしまった。

気がつくと、さっきまで立っていた場所に寝かされていたという。
目を開けると、自分と同じようなフィッシングウェアを着た男性たちに、上から覗き込まれていた。

目玉だけきょろきょろと動かしてみると、中にYさんの釣り友達も居て、心配そうにこちらを見ている。

「あっ！　気がついた！　あんた、大丈夫かい？」

いったい何があったかわからないとばかりに、無表情で上半身を起こす。

「えっと……私はなんで……？」

「いやいや、そんなにいきなり起き上がるんじゃないよ。一応、救急車を呼んでるから、まだそのままで。あんた、いきなり沼ン中に落ちたんだよ。あぁ、落ちたっていうより、滑ったっていった方がわかりやすいか。とにかく無事でなによりだ」

最初に話しかけてきた男性が、安心した笑顔で捲《まく》し立てる。

どうやら、沼に沈んだYさんを周囲の人たち総出で助けてくれたらしい。


しばらくして到着した救急車に「乗りたくない、自分は問題ないから」と主張したが、まわりがそれを許さなかった。

しぶしぶ車に乗り込んだYさんは、その後、念のためという名目で精密検査を受けて帰宅した。

部屋着に着替えようとしたとき、靴下を脱ぐとすぐに異変に気づいた。

足首にくっきりと手で掴まれたような形の痣《あざ》ができていた。

それを見た彼は、一気に汗が噴出したが、その不快さを気に留めている余裕はなかった。

原因も理由も心当たりが無い。

どう考えても、幽霊・心霊の類にしか思えなかった。

そうだと仮定しても、ではなぜ襲われたのか。まったく想像がつかなかった。

とはいえ、現状何が起こるわけでもなさそうだと、とりあえず明日、助けてくれた人たちにお礼をいいに与兵衛沼まで行くことにした。

どうせ、今日と同じようなメンバーがいるはずだ。

菓子折りのひとつでも持って、みんなで食べれば良いだろうと、Yさんは考えていた。


翌日。

仙台駅前の菓子店でクッキーを買い、与兵衛沼に舞い戻った。

「なんだ、昨日の今日で来ているってことは、本当に大丈夫だったんだな」

とみんなで笑いあって、Yさんの無事を祝ったという。

Yさんもいつの間にか、竿を持って釣りをし始めた。


二時間が過ぎたあたりのことだった。

「じゃ、今日はこの辺で帰るよ」

釣り仲間が、Yさんに挨拶をして去っていった。

この日は、どうにも具合が良くないらしく、誰ひとりとして釣果を上げている者がいなかった。

たしかに、『思い通りにならないこと』を楽しむという釣りだが、ここまで思い通りにならないと、『仕切りなおし』として帰ってしまうのだそうだ。

登山のように行くだけで時間や体力を必要とすることや、まとまった休みがない限り行けないような遠い場所なら、『また明日』とはならない。

しかし、与兵衛沼は市内にある釣り場だ。行こうと思えば、いつでも行ける場所だ。

だから、必要以上にねばることはしない。

気楽にすぐ始められるし、すぐ打ち切ることもできる。与兵衛沼は、そういう意味でも人気の場所だったそうだ。

そんなノリで、いつしかみんな帰ってしまい、与兵衛沼にいる釣り人はYさんだけになってしまった。

意外だった。前日の天気とは違い、気持ちの良い晴天で、釣竿を眺めながら座っているだけでも楽しいと思える陽気だったにもかかわらず、誰もいないのだ。

（ついにひとりだけ残されてしまったか……）

そう思った瞬間。Yさんの記憶が途切れた。


記憶が再開されたのは、病室のベッドの上からだった。

「あら？　気がつかれたんですね」

声をかけてきたのは、別の患者さんの血圧を測っていた看護師さんだった。

「ええ、私はどうしてここに？」

「あぁ、まだ寝ていてください。起き上がると、点滴が外れちゃいますから」

慌てて、寝直す。

「昨日の夕方、泥まみれで担ぎ込まれてきたんですよ」

「え？」と聞くと、話はこうだ。

たまたま散歩で通りかかったYさんの友人が、沼岸で倒れているYさんを発見した。

なぜか泥だらけ、びしょ濡れ、身体の至る所に藻のようなものが付着していた。

どれだけ呼びかけても意味がない。気を失っていると判断して、救急車が呼ばれたということだった。

「いえ、ぜんぜん記憶がありませんね」

「そうですか？　じゃあ、運び込まれてきたときにいた付き添いの方に聞いただけなんですけど、なんで全裸だったのか、とか、衣服がちゃんと畳まれて置いてあったのか、とかも記憶ないんですか？」

そこで、Yさんは唖然となった。

意味がわからない。そもそも、酒に酔ったとしても、そんなことはしたことがないし、そもそも素面《しらふ》だった。

「あと、呼びかけたとき、変なことを口走っていたそうですよ。でも、会話になっていなかったから、気絶した状態に近いと思われたんでしょうね」

「え？　なんていってました、私？」

「ええ、『取られた取られた盗まれた』って。何を盗まれたんですか？」

まったく思い当たらない。

記憶がない間の自分が、何をやっていたか考えるだけで気が狂いそうになった。

「いや、わからないです。それよりも退院っていつになりますか？」


この一連のすべてに関わりたくなかったYさんは、すぐに退院手続きを取って、郊外に引っ越したそうだ。

Yさんは、その後、すっぱりと釣りをやめたということだ。

十一　船

（青森県　青森市）

【音】セン
【訓】ふな　ふね
【意味】水上を移動し、人や物を運ぶ乗り物。

昭和二十九年（一九五四年）九月二十六日。

青函連絡船『洞爺丸』が台風十五号の強風に煽られ、転覆。

激しい風雨や情報の錯綜と、二十二時四十三分という時間の事故ということもあり、救助活動は困難を極めた。

結果、乗員乗客あわせて千百五十五人が死亡または行方不明。

記録では、溺れずに七重浜に打ち上げられた時点では生存していた者たちも、そこで力尽きて亡くなっている。

Fさんはいわゆる心霊スポットマニアだそうだ。

「心霊写真を撮りたいと、いつも思っているんです」

『あの場所には出る』と聞けば、そこへ行き写真を撮る。『あそこで見た』といわれれば、カメラ片手に真夜中に訪れてみる。

その繰り返しで、本州の様々な『出る』土地へ赴いたのだという。

「いつか友達に見せて自慢したいと、ずっと狙っているんです」

オカルト仲間同士で、集まったときに注目を集めるのが目下の目標だそうだ。


ある年の九月、Fさんは遅めの夏休みをもらい、青森駅に来ていた。

快晴で、絶好の観光日和だと思った。昼間は暑くもなく寒くもなく、散歩するにちょうど良い。のっけ丼を食べに行ったり、新青森駅まで散策してみたりと、楽しんだそうだ。

四泊五日の一人旅。

初日は、駅の近くに宿をとり、翌日は青森県下北郡大間町を訪ねるつもりだった。

それは、この旅の本当の目的が観光ではなかったからだ。

『野内病院』という心霊スポットに行くつもりだったという。

彼は、野内浦島にある廃病院で、老婆か少女の霊が出るという噂を聞きつけ、それを写真に収めたいと思っていたらしい。

しかし、初日の夜、ホテルの自室でインターネットを使って調べものをしていると、とある掲示板の書き込みに『青森駅周辺も心霊スポットだ』という記述を見つけた。

Fさんは、さっそく夜の青森駅に繰り出した。

青森駅は、陸奥湾に面した県庁所在地である青森市の中心駅だ。

青い森鉄道線、奥羽本線、津軽線が発着する。

平成三十年（二〇一八年）の一日平均乗車人員は五千三百九十七人。

新幹線が通る新青森駅の一日平均乗車人員が三千九百三十三人（新幹線客を除く）というから、その規模がわかるというものだ。

零時過ぎ。屋根つき歩道の商店街に飾られたスマイリーフェイスのような看板を真夜中に見るということが、これほどまでに不気味なのかと、彼は思った。

ホテル近くの商店街を抜けて、駅を目指した。

歩道の上には屋根があり、いわゆるアーケード街になっている。

車道は、片側一車線で幅広く延びていた。

突き当たりに立体駐車場が見えた。

心霊的に良い雰囲気だと思った彼は、カメラを構えて何回かシャッターを切った。

デジタルカメラである。すぐに背面の液晶モニターで確認をするが、何も写らなかったそうだ。

少し拍子抜けしたが、目的である駅前に足を向けたという、
駅前に出ると、平日の深夜だからか人はいない。ただ、市内でも大きな駅前なので、街灯は多く、歩くのに不自由はない。

Fさんは、駅を左手に見ながら直進した。しばらくいくと、船が停泊している港のような海に出たそうだ。

その辺りが掲示板に書かれていた『出る』場所だった。

デジカメで手当たり次第に写真を撮っていった。

撮った写真の確認は、ホテルに帰ってからと決めていた。外灯は多いが、こと細かく見ないことには、霊が写っているのかいないのかわからないからだ。そもそも、一枚撮って確認、また一枚撮って確認という作業は思った以上に時間がかかってしまう。

『出る』という情報だけで、来てしまったが、彼はその場になって初めて考えた。

具体的にどこに『出る』のか？　そして、出るというならば『何が』出るのか？　そもそも、この時間帯で正しいのか？

思いつきで来てしまった。もう少しちゃんと調べておけば良かったと、ホテルにあるノートパソコンの画面を思い出す。

ただ、彼はそこまで焦ってはいなかった。目的は夜が明けてから移動した先にある。ここではないのだ。

とは言え、時間はまだあるので、もう少し探索して帰ろうと思った。心霊写真ではないが、旅の記念になる。

吊り橋を渡り、さらにその先に向かう。

左手には青森駅のホームだろうか、フェンスの向こうに長々とした終着ターミナルが見える。

――と。

進んでいった先、フェンスが途切れたあたりで、右手の歩道に人が立っているのが見えた。

(ん？　人だ……)

こんな時間にこんな場所で何をしているのか？

自分を棚に上げて、Ｆさんは月の薄明かりの中、息を殺してその人物をじっと見つめた。

今年、三十二歳になるＦさんは視力が良いのが自慢だという。今まで、眼鏡をかけるという経験すらないらしい。

しかし。

(……？　老……人……？)

三十、四十メートル離れているが、視力には自信がある。月も出ているし、街灯だって都心に比べれば少ないが、まったくないわけじゃない。

しかし、視線の先に立つ人物は、輪郭がぼんやりしていて、どうにも判断がつきにくい。最初は、背が低いように見えたので女性かと思った。しかし、よく見ると、少しだけ背が丸く腰が曲がっている。お年寄りだと思った。そして、横顔がなんとなく男性のように思えた。

老人が、こんな時間にひとりで何の用で来ているのだろうか？

Fさんは、自分が知らないだけで、この土地ではよくある風景なのだろうか、とも考えていた。

ただ、なぜそこまで興味を引かれたのか？

それは、このまま放っておいたらどう考えても事件になるような気がしたからだった。

もっとよく見ようと、近寄ろうとしたその瞬間だった。

見ていた老人が、一歩前、車道に出たのだ。すでに車通りはまったくないから、事故の心配はない。では、何が問題なのか。

その老人のすぐ後ろ、ぱっともうひとり、人が出てきた。何もない空間から現れたとしか思えない。

（えっ？　今まで居たっけ？　あれは、大人の男性かな）

気づかれないように、数歩近づく。

（なんだろう？　全体的に霞んでいるようだ）

直後、老人が一歩前へ出た。後ろの男性も続いて前に出る。すると、最初に老人の居た場所に再び、ぱっと人が出現した。

（今度は、老婆……？）

見る間に人が増え、それは一列になって右から左へ、のろのろと進んでいく。

聞こえる音といえば、自分の鼓動と呼吸音。そして、びしゃびしゃと聞こえてくる彼らの足音。

きっと全員が濡れているのだろう。その列の足下には、なめくじが這った跡のような水で湿った筋ができていた。

列には、老若男女、スーツのようなものを着ている者もいれば、普段着のようなものを着ている者もいる。

誰もが俯き加減に歩いていて、その表情からは喜怒哀楽をまったく感じさせない。

（死人が歩いているようだ……）
そう思った瞬間。
彼は、写真を撮るのも忘れて逃げようと、一歩後退った。

――ぴちゃ

右足が何かを踏んだ。
見ると、小さな水溜まりを踏んだことがわかった。
わかったのだが、そこで動けなくなってしまった。
（昼間、あんなに晴れていたのに？）

――ぴちゃ

反射的に上げた右足をもっと後ろに下ろすと、また水の音が。
（え？）

そこには、また別の水溜まりが。

気がつくと、自分のまわりには大小様々な水溜まりができているではないか。

（いつの間に？）

慌てて行列を見た。水溜まりの異常さ以上に、自分の出した音であちらが気づいていないかが、何より気がかりだった。

行列の人たちは、何事もないように列をなして進んでいる。

（良かった……）

Fさんが、音を立てずにその場を立ち去ろうとした時、ひとつの水溜まりが目に入った。

理由などない。ただ、そこにそれがあったから目に入ったというだけだった。

半径一メートルはあろうかという大きな水溜まり。その水面に、人の顔のようなものが無数映り、こちらを睨んでいた。

まるで、窓の向こうから覗いているように、水面があちらとこちらの境界に思えた。

目には白い部分がなく、穴が空いたように黒く塗りつぶされているように見える。大きく開いた口も、舌が見受けられず、ただ黒い穴があるばかり。

「う、うわぁっ！」

初めて悲鳴を上げた。

逃げようと踵を返す。

視界いっぱいに広がる水溜まりそれぞれから投げつけられる無数の怒りに満ちた視線。

すでに、心霊写真のことなど頭にはなかった。


来た道をなぞったのか、それとも他の道をがむしゃらに駆け抜けたのか、Fさんが気がつくと泊まっているホテルの前で汗だくになったまま座り込んでいたそうだ。

憔悴《しょうすい》しきったFさんは、重い身体を引きずるようにして部屋へと戻ったそうだ。

すぐに部屋じゅうの明かりを点けた。ユニットバスの明かりも点けた。

ノートパソコンで動画を再生した。動画はなんでも良かった。バラエティで明るい笑い声さえ入っていれば。

スマホもカメラも、ベッドに放り出す。身体も放り出した。

目を閉じても、先ほどの光景が甦ってくる。

それでも、しばらくすると平静を取り戻したFさんは、写真のチェックをし始めた。現実離れし過ぎて逆に冷静になったのか、頭は完全に冷えていた。

そして、さっき撮った写真に似たようなものが写ってやしないかと思ったそうだ。

しかし、一枚もそれらしき写真は撮れていなかったそうだ。

(………残念だ。あんな怖い思いまでしたのに……)

Fさんは、翌日――すでに日付は変わっているが――の心霊スポットにかけることにして、寝ようとした。

そこで気がついた。自分の身体が汗でべとべとなことに。Fさんは、手短にシャワーだけで済ませようと浴室に向かった。

ユニットバスに入ると、やけに換気扇の音が気になった。自分の住む部屋のそれと比べて、やけに大きいと感じたのだ。

――おおぉぉおぉおおぉぉおぉぉお
通気口から湿った空気が出ていく音がする。

しかし（あれ？）と思った。

聞こえてくる方向がおかしい。頭の上の通気口からじゃないのか。

では、どこから？

音に誘導されるように視線を動かした先。

それは、洗面台にある鏡だった。

そこには、あの水溜まりと同じ顔たちが、Fさんを睨みつけていたのだそうだ。


次に意識が戻ったのは、翌朝、チェックアウトの時間を過ぎた頃だったそうだ。

あとになって聞いた話では、チェックアウト時間になっても出てこないFさんを不審に思い、清掃員とホテルの責任者が二人でFさんが泊まる部屋に入ると、Fさんはユニットバスで気を失って倒れていたという。

「で、東京に帰ってから調べてわかったんですが、たぶんあの行列を作っていた人や、水溜まりの顔って、『洞爺丸』に乗っていて亡くなった人なんじゃないかって思うんです」

あの時、風呂の鏡の中で間近に見た顔たちが「助けてくれ……。船が……、船が沈む

「……！」といっていたのを聞いたという。

十二　湖

（青森県　十和田市／秋田県　鹿角郡）

【音】コ
【訓】みずうみ
【意味】みずうみ。中国では、洞庭湖《どうていこ》のことを指す。

十和田湖は、青森県と秋田県の県境にある巨大な湖だ。

湖は、青森県の十和田市と秋田県の鹿角郡小坂町にあり、最大深度は国内第三位、総面積は十二位だそうだ。

奥入瀬渓流とともに、文化財の『特別名勝』、『天然記念物』として指定されており、観光拠点になっている。

観光は、冬季を除き遊覧船が就航し、内水にもかかわらず、子ノ口《ねのくち》港と休屋《やすみや》港が国の地方港湾に指定されている。

Gさんという二十代の女性が、十和田湖を訪れた。

よくある傷心旅行だった。当時の彼氏にふられた直後だったそうだ。

彼女は、東北新幹線八戸駅から二時間以上バスに揺られ、目的地であるこの湖にやってきたのだ。

予約したのは、湖畔にあるホテルだ。夏季ということで、たくさんの行楽客で賑わっていたそうだ。

逆にそれが煩わしいと思った彼女は、すぐに荷物を部屋に置いて外出をしたのだった。

旅行、初日。

一日をかけて、高村光太郎の彫刻の傑作として知られる『乙女の像』を見たり、その途中、開運の小径を通り『十和田神社』で足を止めてみたりと、周辺の観光スポットに足を運んだ。

行った先、占場で『およリ紙』を投げ入れた。見ていると、きれいに沈んでいったので『帰ったら何か良いことでもあるのかな』と、前向きな気持ちになれたそうだ。

とにかく、失恋したとはいえ、Gさんの観光旅行はとても楽しいものだったという。

※注　宮司が神前に供えて祈念をこらした「おより紙」を湖に投げ入れると、願いが叶うときには水底に引き込まれるように沈み、叶わないときは重いものでも浮いたまま波にさらわれ沖へ流されるといわれている（十和田湖国立公園協会HPより抜粋）。

二日目。

朝食を取ったあと部屋に戻り、窓からぼんやりと湖を眺めていると、ボートが目に入った。

よくカップルが向かい合わせに乗って、片方が両手でオールを漕いで進むという洋風の小舟だ。

いくつかの舟が湖面に浮かんでいる。

朝から元気だな、と彼女は思った。そして、それに釣られるように、自分もなんとなく乗ってみたくなったのだという。

ホテルを出て、観光案内の雑誌に載っているレンタルボート店を目指した。

道すがら、昨日と同じく『乙女の像』『十和田神社』に寄ってみる。

昼前には、目的のお店に着いたそうだ。

「すみませーん。ボートを借りたいのですが」

店に入りながら奥に声をかけると、中から係の人だろうか、ひとりの男性が出てきた。


「じゃあ、一時間以内なら千円、それ以上なら……」

料金の説明を受けて、桟橋からボートに乗り、湖面を滑るように進んでいく。

スワンボートで遊ぶ人たち、ボートクルーズで遊覧を楽しむ人たちが笑い声をあげている。

そのうち、あたりにいる他の客のはしゃぐ声がだんだんと耳に届かなくなっていき、ほとんど聞こえなくなった。

晴天の空を見上げて、ここに来るまでのことを思い返す。

（いろいろあったなぁ……）

その時だ。
微かに聞こえていた声や波の音が掻き消えた。
（あれ？　どうしたんだろう？）
次の瞬間には音が戻ってきた。
――ばしゃあ！
（音がちゃんと聞こえる。今のはなんだったんだろう？）
――ばしゃあ！
しかし、さっきまで聞こえていたはずの騒音とはまったく別だとGさんは気が付いた。
それは、背後から聞こえていた。
――ばしゃあ！
何か大きいものが湖面に落ちて、水しぶきが上がっているのだろう、と思った。
――ばしゃあ！
それが少しずつ大きな音になっていく。
直感で、このままではぶつかってしまう。
何が来ているのか？　そして、それが何なのか？

状況を確認するために振り返った。

すると、上がっているはずのしぶきはどこにも見えず、波紋すら浮かんでいない。

（え……？）


――と。


水面に男性の顔が浮かんだかと思うと、すうっと水底に沈んでいった。

とても生きている人間とは思えなかった。

生者なら、もがくだろう。

何より、彼の『目』が命を感じさせなかった。

言いようもない恐怖感に包まれたGさんは、取り乱したが、なんとか両手でオールを漕いで、もとのレンタル店に戻った。


「ずいぶん早いお帰りで」

「いや、まあ……、ひとりですし。でも楽しめました。じゃあ、これ」

レンタル店の主に、代金を支払う。

自分が体験したことを話してもよかった。旅の恥はかき捨て、というものの、変人か狂人扱いされてしまうだろうと思い、黙っていることにした。

腕時計を見ると、昼が近かった。

もうあまり外にいたくないというのが本音だ。

連れがいないというのは、不幸中の幸いか。Gさんは、まだ陽が高いにもかかわらず、ホテルに籠《こも》ろうと踵を返した。


部屋に戻り、備え付けの冷蔵庫からビール缶を取り出し、一気に飲み干した。

さっきのは一体なんだったのか。

そして、あの男性は見間違いではなかったのか。

Gさんは、考えれば考えるほど混乱してきてしまい、一連の出来事を忘れるために、ロビーで一日読書をすることにした。

陽が暮れ、薄暗くなる。

彼女は、何度もあの男性の目を思い出してしまい、結局、夕食を取り終わるまで部屋には戻れなかったそうだ。


翌朝。

遅い朝食を食べにいこうと身支度をしていると、点けていたテレビのニュース番組が目に入った。

画面には、十和田湖が映し出されていた。

さらによく見ると、『朝方、水上バイクが横転して運転していた男性が亡くなった』という報道が流れていた。

次の画像に切り替わったとき、Gさんは悲鳴を上げた。

亡くなった男性の写真が映っていた。それは昨日見た、沈んでいった男性だったという。

「亡くなる前日に男性が沈んでいくのを、たしかに見たんです。でも、ニュースを信じるなら、あたしが見たときは生きていたはずで」

Gさんは、朝食も取らずにチェックアウトして、自宅に帰ったそうだ。

今でも、『あの日』は不意にひとりになったときに思い出してしまうのだそうだ。

十三　湯

（岩手県　盛岡市）

【音】トウ
【訓】ゆ
【意味】水に熱を加えて熱くしたもの。温泉。風呂。

岩手県には有名な温泉地がいくつかある。

花巻や八幡平、雫石など、たくさんの温泉地があり雪見露天風呂を楽しむ観光客で賑わうそうだ。

Mさんという四十代の男性は、二〇一九年の春先に岩手県のT温泉を訪れた。

「特に目的があるというわけではありませんでした。単純に岩手県で美味しいものを食べて、温泉入ってゆっくりしたかったんです」

彼が温泉旅行に選んだのは、ドラマのロケ地にもなった、ある温泉街だった。

東京駅で東海道新幹線から東北新幹線に乗り継いで、盛岡駅を目指す。

二泊三日の旅だった。

湯治というほど身体にガタは来ていないつもりだが、仕事を忘れて温泉でゆっくりできるのが楽しみでならなかった。

四時間ほど新幹線の中で過ごした彼は、盛岡駅のホームに降り立った。

始発近くの時間には自宅最寄りの在来線に乗ったので、着いたのはちょうど昼時だった。

久しぶりの旅行である。気合いが尋常ではないほど入っていた。

昼食は、じゃじゃ麺だった。

他にも、『岩手銀行赤レンガ館』や、『啄木新婚の家』を観光するなどしていった。

楽しい時間が過ぎるのは早い。腕時計を見るとすでにバスの時間が迫ってきていた。

ほとんどの温泉宿は駅から離れている。宿は、サービスの一環として、無料で送迎バスを出しているのだそうだ。

Mさんは、定刻通り来たマイクロバスに乗り、宿へと向かった。

道中の景色は、まだ雪が側道や側溝に残っていた。（さすが雪国だ）と思ったそうだ。

それは、宿についても同じだった。

ほとんどの雪が雪かき作業で横に避けられているが、日当たりの良いところでも、積み上げられた雪がまだ残っている。

そして、Mさんを待っていたのは巨大な宿と温泉施設だった。

旧館に新館、さらには別館まである客室施設。そして、それぞれに隣接された内湯と露天風呂。

もちろん、内湯も露天風呂も一種類だけではない。寝湯、うたせ湯、大浴槽に水風呂。つぼ湯や薬膳湯などもあったそうだ。

チェックインを済ませて、通されたのは七階の和室だった。

入り口の正面にある大きな窓からの景色もさることながら、一人客だというのに大部屋を用意してくれていたのが驚きであった。

十四畳の日本間にひとり。

入ると、左手にはトイレと部屋付けの浴室。当然、別々だ。

右手には、下駄箱が用意されていたので、靴を入れる。

正面には、山と川が一望できる大窓がつけられていた。

部屋の真ん中には、ちゃぶ台が置かれ、上に茶菓子と湯飲みが置かれている。

Mさんが、窓からの景色を楽しんでいると、部屋まで案内してくれた仲居さんが背後でお茶を入れてくれていた。

「どうぞ」と熱い茶を勧められて、座布団に座る。

仲居さんが出ていって、テレビを点けて、何も考えずにいると、いつの間にか夕食の時間になった。

夕食はバイキング形式で、三陸沖で獲れた魚介類や、奥羽の和牛を使った料理に舌鼓を打った。

旅行初日は、何事もなく平穏に過ぎていった。

『あった』のは二日目の夜だった。

前日のような夕食を終えて、部屋に戻ったMさんは、風呂へ行く準備をしていた。実は朝も昼も入ったのだ。しかし、習慣なのか夜も入りたくなったというのだ。

まずは、内湯より先に露天風呂に行った。

部屋に置いてある、フェイスタオルとバスタオルを持って大浴場があるフロアへ。

脱衣所で浴衣を脱いで、内湯へと続くガラス張りの引き戸を開けて、中へ入る。

露天風呂に続く内湯は、右へ行くと洗い場があり、左へ行くと檜風呂の浴槽がある。

Mさんは、軽く湯を身体に掛けると、正面のガラス張りの引き戸を開けて露天風呂へと外に出ていった。

引き戸の正面、浴槽があり、まわりを取り囲むように木々が植えられている。おそらく、外からの視線を遮るためだろう。

夜も更けていて、あたりはすっかり闇に包まれている。

幸運だったのは、ここまで誰にも会っていないことだった。

平日の旅である。人が少ないということをホテルのフロントに聞いて喜んだ。のんびりするのが目的なのだ。そんなときに混雑しているところに、誰だっていきたいとは思わないものだ。

まだ四月の初旬とはいえ、肌寒く水面には湯気が朦朧《もうろう》と立ち上っている。

湯に身体をつからせて、寛いでいると、目の端に何かが動くのが見えた。

反射的にそちらに目をやる。

Mさんの視線には、今しがた自分が出てきたガラス戸が映っていて、内湯が見えている。

(あぁ、誰か入ってきたんだな)

平日で、たまたま人が少ないというだけで、まったく誰もいないというわけではない。

貸し切り状態の今の方が、珍しいだろう。

そのタイミングで、一度中へ戻って身体を洗おうと思った。

ガラス戸の中へ戻る。

きっと先ほど入ってきた人が、かかり湯でもしているのだろうと見回すが、誰もいない。

(はて……?)

気のせいだったか、それとも大きな虫でも動いていたのか。いや、虫ならばもっと暖かくなってからだろう。

と思っていると、背後でガラリと戸の開く音がした。今度こそ誰かいるのか、と振り返るがそこには誰もいない。ただ、重りによって自動的に閉じるガラス戸があるだけだった。

ここで、Mさんの好奇心がくすぐられた。

誰もいなかったはずの内湯からMさんの目を逃れて露天へと出ていく『モノ』とは何か？

興味を持ったMさんは、外に戻ってみたそうだ。

しかし、やはりそこには誰もいなかった。

従業員が通るような通用口にでも消えたのかと思い、あたりを窺っていると、突然『ばしゃばしゃ』と激しい音を立てて、目の前の露天風呂に誰か入っていく。

姿こそ見えないが、水面にはちょうど川を船が進むときにできる八の字型の波紋ができていて、明らかに透明な誰かが入っていくように見えた。

身体は湯で温まっているはずだが、背筋からつま先に冷たいものが伝って一気に湯冷めした。

（ぞっとした、というのはこのことだ）

Mさんは、慌てて脱衣所に戻ると、濡れた身体もお構いなしに浴衣を着て、部屋へと逃げ帰ったそうだ。

部屋に戻って、敷かれていた布団に潜り込むが一向に眠くならない。

それどころか、水面に立つ波紋が脳裏から離れず、目が冴える一方だ。

昼間、広くて快適だと思っていた部屋の広さが心細く思えてしまう。

照明が届かない薄暗がりに、『ナニ』かが潜んでいるように思えてしまう。

引いたカーテンの向こうで、『ナニ』かが部屋を覗こうとして、窓に張り付いているのかも知れない。

妄想が、彼が寝ることを許さなかった。


がたっと部屋のどこかが鳴った。

布団に入ってから、どれくらいの時間が経ったのか、気が付くと寝ていたMさんは、その音で目を開けた。

（……ん？　今、たしかに大きな音がしたよな？）

次の瞬間。

「いいお湯だったね、会ったでしょ？　会ったでしょ？」

Mさんの耳元で、囁《ささや》くような男の子の声がした。

飛び起きて、部屋中を見回すが誰もいなければ、誰もいない。

そこで驚いた。辺りが湯気で充満していたのだそうだ。

窓も、テレビも、部屋の隅に避けられたちゃぶ台も、湯気の向こうにかすかに見えるばかり。

いったい何が起きているのかと、Mさんは身じろぎもせず、その場に立ち尽くした。

そうしている間にも、時折、「会ったでしょ？　会ったでしょ？」と問うてくる。

たまらなくなって部屋を飛び出したMさんは、七階から一階までの階段を転がり落ちるように下りると、フロントに助けを求めた。


結果として、すぐに部屋を変えてもらうことができたそうだ。その素早さや物わかりの良さから、対応してくれたフロントの係は何かを知っているように思えたという。

係に「手続きをするからロビーのソファに座って待っていてください」と言われて待っている間、自分と似たような感じでフロントに怒鳴り込んでくる人を見たそうだ。

「たぶん、私と同じ体験をしたんだと思います。その時、部屋に憑いたものじゃなく、施設に憑いたものだと理解しました。だから……」

——部屋を変えても安心できない。

Mさんは、朝までロビーに居座り、コーヒーを飲みながら過ごしたそうだ。

翌朝、もう一度入った露天風呂が最高に気持ち良かったと話していた。

十四　灌

（福島県　会津若松市）

【音】カン
【訓】そそ―ぐ
【意味】注ぎ入れる。水を流し込む。酒を地に注いで神を招く儀式。

ある日、駅のホームでAさんという五十代の男性に挨拶をした。

彼は、足にギプスを巻き、傍らに松葉杖を置いてベンチで休憩していた。暇そうにしていたから声を掛けたのだが、せっかくなので『何か不思議な体験はないか?』と訊いてみることにした。

次の電車まで時間があるので、視界に入った人を無理やり取材対象と定めたのだ。

すると、こんな話をしてくれた。

彼は、一軒家に住んでいた。

そして、一人暮らしだったそうだ。

子どもができて早くに離婚し、その後、特に浮いた話もなく今に至る。

両親はどちらも、ここ十年ほどの間に亡くなっている。

仕事は個人経営の小さな居酒屋。客は多くはないが、少なくもない。自分ひとり生活するには、困らない程度の収入があった。

ある日。

深夜二時に店を閉め、帰宅したのが午前三時。

そのまま、万年床に潜り込んで、深い眠りについた。


気がつくと、二メートル四方くらいの部屋に居た。

（いつの間にこんなところに来たのだろうか？）

まわりの壁や床は乳白色で、陶器のような肌ざわりだ。

上は……、と見上げたところで、顔に水がかけられた。それも大量に。

なんだ、と思って手で顔を拭き、壁にもたれかかる。

もう一度、視線を上に向けると、雲一つない青空から覗くひとりの黒い影。

逆光になっているせいか、それ以上のことがわからない。

男性なのか、女性なのか。子どもか大人か。

Aさんは、「いきなり何をするんだ?」「ここは何だ?」「助けてくれ!」と矢継ぎ早にいおうとしたが、それは無理だった。

口を開いた直後、また水をかけられた。

いや、今度はそんなものではなかった。

まるで、消防車の放水のような勢いで、顔から身体から足元にザザザーッと真水を打ち付けられた。

もう声が出せない。

よろけて尻もちをついた。

すでに、臍の位置まで水が溜まっている。

その場から逃げようとするが、壁には何も手をかけるような箇所がない。

このままでは溺れてしまうと慌てるが、できることなどない。

見る間に肩まで水面が昇ってきて、直後にAさんの全身が飲み込まれる。

その瞬間、違和感があった。

身体が浮かない。

普通なら、浮力が働くはずだ。

しかし、Aさんのそんな思いとは真逆に、身体は動かずに、呼吸ができなくなった。


「うわあっ！」

Aさんが、叫んだと同時に目が覚めた。

頭からつま先までぐっしょりと汗まみれになっている。

（はぁ……、はぁ……）

荒い呼吸であたりを見ると、そこは慣れ親しんだ自分の部屋だった。

「夢…………か……」

その夢を見た日から、四日連続で同じ夢を見た。

二日目には、すでに明晰夢《めいせきむ》になっていて、「まただ」と思うようになっていたそうだ。

さすがに寝不足で、顔色が悪く、店の常連から心配されるようになってしまっていた。

調子を聞いてくる客たちに、「夢見が悪くて寝付けない。悪夢が続いてましてて」と苦笑いで説明をしていた。


六日目のことだ。

ある馴染みの客のひとりが、友達を連れてきた。

聞けば、寺の住職で、自分はこの人の檀家《だんか》だという。

最近、Aさんの具合が悪いので、彼に視てもらったらどうだということだった。

おそらく、この客は霊感的な話をしているのだろうと思った。

「いやぁ、さすがにそういうのはちょっと……」

自分は、お化け的なことは信じてないんです、とやんわり断ろうとした。

「お墓参り、行ってますか？」

「え……？　あ、いえ……」

唐突に聞かれた。

客商売には慣れているつもりだったが、いきなりのことに声も小さくなり言葉も少なく返す。

「菩提寺《ぼだいじ》、行ったほうが良いですよ。毎晩、ご先祖さまに呼びつけられてませんか？」

狐につままれたような気がした。

Aさんは、その場は適当に話を合わせて流したが、翌日、店の玄関に『本日、臨時休業』の張り紙をすると、両親が眠る墓地に向かった。


墓の前について、Aさんは言葉が出なかったという。

そこには、たしかにA家の墓があったのだが、先の台風で倒れ、骨壺が露出していた。

びっくりして、骨壺を開けて中を確認すると、雨水が中に入ってしまって、骨が水没していたのだそうだ。

その寺の住職に話を聞くと、怠慢で墓守をきちんとしていなかったことがわかった。

激怒したAさんは、なぜもっと早く連絡してくれないのかと、寺の者たちに詰め寄った。


しばらくして、お墓は修繕され、お寺の人にも周辺を掃除され、Aさんはそれ以来、あの夢を見なくなったのだそうだ。


これは良い話——怪談に良いも悪いもあるのかと訊かれると困るが——を聞いた。

礼をいって、時計を見るとまだ電車がやってくるまで時間がある。

雑談交じりに、話題を変えることにした。

「ところで、その足は大丈夫なんですか？　お墓の掃除に行くにも大変でしょう？」

私がそう聞くと、Aさんが苦虫を噛《か》み潰したような顔をして、

「ここ数日、右足を怪我し続けてまして……。最後に骨折ですよ。もしかしたら、母方の墓にも何かあったのかも知れないと思っているんです」

Aさんの平穏はまだ来ないようだ。

十五　海

（秋田県　秋田市）

【音】カイ
【訓】うみ
【意味】大きな湖や池。広く大きい。また、多くの人や物が集まる所。

秋田県にある桂浜海水浴場は、県内外から多くの人が訪れる人気の海水浴場だ。取材の時は確認できなかったが、海開きの時期には、ハマナスが海岸線に沿って咲きそろい、遠浅で波も穏やかなことから家族連れで賑わう。事実、シーズン中は二万人近い行楽客がここを訪れる。男鹿半島から鳥海山まで見渡せるビーチの広さや、美しい砂浜が自慢なのだそうだ。

二十代の女性、Rさんは去年の夏、この桂浜海水浴場で奇妙な体験をしたそうだ。

その日、Rさんは、彼女を含め八人でミニバンに乗り、大学の夏休みを利用した一泊二日の海水浴に来ていた。

男友達四人、女友達三人で行こうという話だった。すでに二組のカップルが成立していた。A君という男子が八人乗りの車を出すことになっていた。他にも誰か付き合うことになったら面白いなと盛り上がりながら、海を目指したということだ。

着いた先、桂浜海水浴場は雲一つない快晴だった。

三十五度を超える暑さだ。誰もが『泳ぐにはもってこいの陽気』だと思っていた。

駐車場に停めた車から、ビーチパラソルやクーラーボックス、レジャーシートを持ち出して、適当な砂浜に準備する。

ビーチボールに、水鉄砲、フリスビー等、遊び道具を大量に持ってきていた。

それから、誰かが見張りをして、更衣室に行った。水着になった者と私服の者が入れ替わり、順番に着替えていく。

Rさんたちは、海の家で昼食を取ったあと、思い思いに海を楽しんでいた。

泳ぎにいく者、そのまま海の家で飲酒する者、砂浜にレジャーシートを広げ日焼けする者。

Rさんは、ビーチパラソルの影に入って、ぼんやりと波を眺めていた。

彼女のすぐ近くで、A君たち四人がビーチボールで遊び始めたそうだ。

男性二人、女性二人。

ちょうどカップルになっていた二組が、バレーボールのようにボールを地面につけずトスしていく。

それを、漫《そぞ》ろ目に見ていた。

「あっ！」

ひとりの女友達が、ボールを強くはじいてしまい、A君の背後、波打ち際に飛ばしてしまった。

ちょうど返し波だったようで、砂浜から少し離れたところに持っていかれてしまった。

「しようがねぇなぁ」

笑いながら海に入り、A君がビーチボールを取りにいく。

思ったよりも深かった。腰から上を海面から出して、両手でボールを拾い上げるA君を、見るとはなしに見る。

「さいかーい！」

A君が、ボールをトスした。

ラリーが続く。とにかく砂地に球を落とさないように遊んでいた。誰かが落とすと、罰ゲームと称して他の全員から水鉄砲で撃たれたりしていたそうだ。

途中、Rさんも参加してはどうか、と誘われたのだが、なんとなくその気になれなくて断った。

ただ、友達たちが遊んでいるのを見るのが楽しかったのだ。

――しばらくして、

「うわっ！」

また、誰かのトスした球がA君を大きく越えて、波に攫われていってしまった。

「もぉ～、気をつけろよ～。あとで罰ゲームな～」

ばしゃばしゃと海に入っていくA君に視線を向ける。今度も、彼がボールを取りにいくようだ。

先ほどと同じように、下半身だけを水に浸からせているが、さっきと違ったのは両手でボールをすくわなかったことだ。

よいしょ……、と右手を海に入れていく。

（あれ？　ボールはどこに行ったんだろう？）

海面に浮かんでいるはずのボールはどこにもない。

A君の動きを見る限り、海底にでも沈んでいるのだろうか。

「ん～、あ！　あったあった！　よっと！」

大きな声で引き抜いたそれは、男性の首であった。

顔は海水に浸かっていたからか、青白くふやけ、ところどころに――甲殻類であろうか――喰われた跡がある。

双眸《そうぼう》に目玉はなく、ただ黒い穴があるばかりだ。そして、どの穴からも水がじゃばじゃばと溢れ出ている。

A君は満面の笑みで、髪の毛をむんずと手で掴んでいる。とても球体であるビーチボールを持っている手の形には見えなかった。

その首の空洞と目が合うのと、Rさんが悲鳴を上げたのは、同時だった。

「きゃあぁぁぁぁ！」

驚いた顔でこちらを見るA君。どうした、と駆け寄ってくる他の仲間たち。

「首が！　それ！　首！　生首！」

A君の持っている『モノ』を指さして、まわりの友達に訴える。

だが、全員がA君を一瞥して不思議そうな顔をする。

「え……？　首？　何が？」

きょとんとした八つの目がこちらを見ている。

「だって、それ、A君の持っているそれ！　生首でしょ？」

自分でもヒステリックだったと思うくらいの大声で怒鳴った。

「な～に言ってるんだか」

A君が冗談めかすと、他のみんなもゲラゲラと笑うばかりだった。

猛暑だというのに、脳天から血の気が引く。たとえではなく、本当にサーッと何かがRさんの身体を上から下に落ちていった。

まわりを見渡すと、他の行楽客が遠巻きに不審そうな目を向けている。

「ご、ごめん。ちょっと陽にあたりすぎたみたい。あっちで休んでくるね」

友達の、そして周囲の注目に耐え切れなくなった彼女は、逃げるようにして海の家に駆け込んだ。


丸椅子に腰かけると、昼食からずっと飲んでいる男友達が話しかけてきた。

「どうしたの？　ずいぶん顔色が悪いけど」

寄ってきた友人はニヤニヤとおそよ心配しているとは思えない表情で、俯いて座る彼女を覗き込んだ。

「……？」

問われて答えようと顔を上げるが、Rさんは彼が誰だかわからなかった。

「ん？　Rさん、どうしたの？」

名前を呼ばれて、彼は自分のことを知っているのだと理解したが、彼を思い出せない。たしかに顔も見たことはあるし、何か談笑した記憶もある。だが、どうしても彼の名前が思い出せない。しかも、一緒にA君の車に乗ってきた覚えもないのだ。

「ううん、大丈夫。なんでもないよ」

この男が不気味だった。適当に話を合わせてやりすごそうと彼女は考えた。

「ふーん。軽い日射病なのかもね。冷たい水でも持ってくるからさ。ちょっと待ってて」

ひらひらと手を振りながら、奥へと消えていった。

その後、Ｒさんは水を持ってきてくれた彼と、しばらく話し込んだが、結局誰なのか思い出せず、何があったのかも言えず仕舞いだった。

どうしても、彼の薄ら笑いが信用できなかった。


夕方。

そろそろ帰ろうか、という段になった。

もうすでに泳ぐ気にもなれず、遊ぶ気にもなれなかったＲさんはシャワーを浴びて、私服に戻っていた。

「あとこれはどうするの？」

「それは、トランクに入るはずだから、横にして置いといて。あ、フリスビーは洗ってくるから、ちょっと貸して」

すでに何人かで片付けをしたらしく、レジャーシートやビーチパラソルなどの持ってきた道具は車に戻されていた。

「じゃあ、帰ろうか。Rちゃんは気分が悪いようだから、助手席に乗ってよ。前の方が車酔いしにくいっていうし」

Rさんは、声を出さず首だけで頷くと、助手席のドアを開けて中に乗り込んだ。

全員が乗ってすぐに車のエンジンがかけられて、窓の景色が動き出した。

走り出して数分もしないうちに、疲れからかみんなが眠りについていく。乗った瞬間に寝息を立てていたものまでいる始末だ。

「いやぁ、Rちゃん大丈夫？　悲鳴上げてから、ずっと心配でさ。最初に、Rちゃんの家まで送るよ」

「ありがとう。ごめんなさい」

それが精一杯だった。A君と話すことで、あの生首が鮮明に思い出される。

「まぁ、気にしないで」

会話はそこまでだった。Rさんは、A君も遊び疲れているのだろうと思った。

「なあ、このビーチボールさ。空気抜けないんだけど」

振り返ると、海の家で話しかけてきた男友達が、ずぶ濡れの生首を持って鼻頭をぎゅうぎゅうと押している。

押された部分からは、濁った水が、

ゴボッ……、ゴボボ……

と止め処なく流れ出ていた。

「え？　ちょっと止めてよ！」

「どうしたの、Rちゃん？　ちゃんと座ってないと危ないよ？」

ブレーキをかけて車を止めたA君が、笑いかけてくる。

「あ〜、で、なんだっけ？　そのボール、少しコツがいるんだよ。貸してみ？」

「わりぃ、頼むわ」

頭を受け取ったA君は、耳の穴にずぶずぶと親指を入れていく。

——あぁぁあぁ……

瞬間。

呻き苦しむような断末魔が途切れなく、あの黒い空洞から聞こえてきた。

「うぅぅ……」

Rさんは、両耳を手で押さえると同時に、気を失ってしまった。


次に記憶が始まるのは、自室のベッドの上だった。

ゆっくりと起き上がると、窓の外で鳥が囀《さえず》っている。

（朝なんだ……）

カーテンの隙間から朝日が差し込んできて、やっと生きた心地がしてきた。

（いったい、あれは何だったんだろう？）

思い出すつもりもないが、ぞくりと背筋が寒くなる。


がちゃり……


ドアノブが回されて、部屋に誰かが入ってきた。

そちらに視線をやると、A君が立っている。

「気が付いたんだ。良かったぁ。すごく心配したよぉ」

今にも泣きだしそうな顔で、ベッドに歩み寄ってくる。

「ボール。……。あのビーチボールはA君の？」

身体に不調なところはない。自分に心配がないと感じたRさんは、次に気になることを見舞いに来てくれた彼に問うてみた。今は、それが一番気にかかる。

「え？　いやいや、今はそんなことどうでも良いじゃん。とにかく、他の連中にメールして知らせるから」

「ううん、大切なことなの！　どうしても聞きたいの」

ベッドの傍らに座りスマホを操作しようとしているA君の腕を掴んだ。

「うーん……。そう言われてみれば、遊んだ記憶はあるけど、誰が持ってきたんだっけ？」

「覚えてないの？」

「八人で海に行って…………それから……あれ？　Kって来てたっけ？　でもそんなはずはない……よな」

彼の話によると、道すがら、全員が他人任せにしてビーチボールを誰も持ってきていないことが判明した。しかし、皆で持ち寄った遊具で十分だし、どうしても必要ならば海の家で買えば良いという結論に至った。

A君の話を聞きながら彼女は雷に打たれたような衝撃に見舞われていた。

『K』という名前を聞いて、海の家でのことを思い出した。あのどうしても名前が思い出せなかった男友達。それがKだったことに今気がついたのだ。

ただ、彼はその年の二月に交通事故で亡くなってしまっていた。

そして、同時にあの時、A君が持ち上げた首についても、はっきりと思い出していた。

海水をぶじゅぶじゅと嫌な音を立てて噴き出していた『アレ』は、面影こそほとんど無くなってしまっていたが、まぎれもなくKの頭だった。


「亡くなる直前まで仲は良くて、何も恨まれるようなことはしていないはずです。だから、どうして海水浴に現れたのかまったくわかりません。この先、また皆の前に姿を現したらどうして良いか……」

原因がわからないだけに対処のしようもないのだ、と彼女は俯いた。

十六　霧

（秋田県　秋田市）

【音】ム
【訓】きり
【意味】空気中に浮かぶ細かい水滴。

Eさんという三十代の男性の経験談だ。

彼は、誰もが知っている企業に勤めていた。
大会社というだけあって、福利厚生が充実していて、離職率も低い。給料も大学時代の友人たちより幾分か割り増しだという事実もある。
しかし、最近になってひとつ、悩み事ができてしまった。

転勤だ。断るのは容易だが、それで出世コースから外れてしまったという噂を耳にすることがある。それは避けたい。結果的に閑職に追いやられる可能性もある。そうなれば最悪、自己都合による退職が待っている。

だから、その恩恵と恐怖が理由で、彼は人事異動を断れずにいた。

では、すぐにでも辞令を受け入れれば良いのではないか。いや、そうもいかない。

というのは、子供の修学旅行が近かったからだ。

このまま異動ということになれば、家族連れで引っ越しをしなければならない。

ただ、そうすると六年間を共に過ごした友達と、楽しみにしている学校行事に参加できなくなってしまうのだ。

そんなことになっては、我が子から一生恨まれてもおかしくない。

だが、上司からも、引っ越しにかかる費用や向こうでの物件の手配、家賃はすべて会社が面倒を見てくれるといわれ、プライベートを理由に拒否できない状況となっていた。

結果。

妻と相談して出た結論は、Eさんだけ一時的に単身赴任することだった。

修学旅行が終われば、あとから妻と子供が越してくる形だ。

決まれば話は早いもので、その二週間後にEさんは秋田県の秋田市へ、独り旅立った。


総務部が契約してくれたのは、３ＬＤＫのマンションであった。

三階の角部屋。バストイレ別で、ＩＨキッチンに浴室乾燥もある。インターネット回線の開通も終わっている。しかもオートロック付きで、セキュリティにも心配はない。

至れり尽くせりであった。

個人でここと契約しようとした場合、どのくらいの金額を要求されるのか。

Eさんは、家族が来るまでの間、疑似的な独身生活を楽しめると喜んだ。


ある晩のことだ。

生活面で条件が良いとはいえ、仕事の条件が良いとは限らない。

Eさんは、今週三度目となる午前様での帰宅をした。

(聞いてなかったぞ、こんなこと)

げっそりとした表情で鍵を回し、靴脱ぎ場に足を踏み入れる。

靴を脱ぎ、廊下を歩いてリビングへと通じるドアを開けた。

――瞬間。

Eさんの目に飛び込んできたのは、真っ白な空間だった。

「うわっ、なんだ？」

驚いて、身を引いた。

すぐ頭に浮かんだのは『火事』の二文字。

火元を確認しようと中に飛び込んだところで、はたと気がついた。

「熱く……ないな……」

さらに、何かが焦げる臭いもない。

「あ……あれ？」

まわりをキョロキョロと見回すが、火災が起きているようには思えなかった。

「これ、霧……だよな？」

冷静になって、まじまじと観察すれば、それは霧のようであった。

濃霧だ。

窓を開けっぱなしにして部屋を空にしてしまったのだろうか？

いや、帰ってくるときの道すがら、霧なんて出ていたであろうか？

唖然として棒立ちになっていると、不意にその煙霧がベランダに出る掃き出し窓の前に集まりだした。

しゅ、しゅ、しゅ、と音を立てながら集合するそれを、Eさんは見守ることしかできなかったそうだ。


――ボトッ！


次の瞬間。

集まった霧は、なにか白い塊のような丸くて長い物体になって床に落ちた。粘土を地面に叩きつけたら、きっとこんな音が出ていただろう。

表面は、ぬらぬらと湿っていて、見ているだけで吐き気を催す。

その塊がガラリと掃き出し窓を開けて、ズルズルと這うように外へ出ていく。

柵を越えて、それが下に落ちた瞬間、Eさんは我に返って、その場に走り寄った。

深夜とはいえ、真下に人でもいて衝突したとしたら、大事だ。

が、覗き込んだ彼の視界には、エントランスから延びる道路と、明るく光る街灯があるだけだった。

その後、総務の担当者に連絡を取り、確認すると、その部屋はEさんが入居する直前、風呂場で溺死した人がいたということがわかった。

経費削減で、安い場所にされたと激怒したEさんは、無理やり別のマンションを用意させ、すぐに移り住んだ。

今は、無事、家族団欒《だんらん》の日々を過ごしているのだそうだ。

十七　滴

（山形県　山形市）

【音】テキ
【訓】しずく　したた—る
【意味】したたる。垂れる。しずくが垂れ落ちる。しずくとなって落ちる。

Yさんという三十代の男性は、その年、山形県に移り住んだ。Uターンのような就職とは違い、東京での仕事に疲れきってしまい、曽祖父の代まで家族が暮らしていたと聞いていた山形市で生活することを決めたのだ。いわゆるIターンである。
退職を決めてから、東京と山形を何度か往復し、就職先や引っ越し先を決めていった。住むことに決めたのは、山形市城西町にある三階建てのアパート。東京の部屋と比べて条件はほとんど変わらなかったが、家賃の違いに驚いたものだった。
城西町は、山形新幹線が停車する山形駅近くの町で、すぐ東側には霞城公園という国指定史跡山形城跡がある。周辺には山形県立博物館、山形美術館、山形市郷土館、最上義光歴史館など、多くの文化施設が建ち並び、Yさんにとって歴史を知り町に馴染むには最適の場所といえた。
東京の職場に退職届を出しアパートに引っ越したのは、三月から四月になろうかという時期だった。荷物を業者に任せ、一路、新天地を目指した。

それは転居当日、午後三時のことだ。
Yさんは、階段で二階に上がると外廊下を歩いて扉の前に来た。事前に不動産屋から受け取っておいた鍵でドアを開けると、１ＬＤＫの部屋へと入っていった。

（あれ……？）

最初に思ったことが、『疑問』だった。少ない有給休暇を使い慌ただしく内見し回ったことは確かだが、ひとつひとつの物件をしっかり見たはずだ。不満なところなどあろうはずがない。まして、おかしなところなど有るわけがないのだ。

しかし。

綺麗に清掃されたフローリングの真ん中。雑誌サイズの水たまりがあった。正面にある掃き出しの窓から入る陽の光に照らされて、明らかにそれは透明な水だとわかる。

反射的に天井を見上げると、真っ白い壁紙が貼られたそこにゴルフボール大の染みができていた。

靴を脱がず玄関に立ち尽くしていたYさんは次に、携帯電話で不動産屋に連絡を取った。電話に出た担当者に今見たことを伝える。できるだけクレーム口調にならないように努めた。こんなタイミングでもめても不利益になることしか頭に思い浮かばない。

できるだけ内部に触らないようにして玄関から外に出た。

しばらくして、先ほどの電話の相手がやってきた。スーツ姿でいかにもサラリーマンという風貌だ。

Yさんは、部屋の中で水漏れが起きていること、今日初めて独りで部屋に入ったことを告げ、一緒に確認してもらうようにお願いをした。入居初日からのことなので、修繕費用は自分持ちになることは避けたいという気持ちでいっぱいだった。

結局、すぐに担当者は修繕を約束し引き上げて行った。もちろん、不動産屋が費用は負担するという。ただ、業者の手配から実際の作業まで一週間かかるということだった。引っ越しシーズンでもあったこの時期、どこの業者も予約で混んでいる。

Yさんは、お金がかからないなら、と了承した。

翌日。

まだ入社日が先なYさんは、昼から買出しに出掛けた。引っ越しの荷物を荷ほどきするという作業もあるのだが、どうもその気になれない。

帰宅したのは十九時をまわった頃だった。まだ見知らぬ町である。近所に何があるのか、周辺施設はどんなものなのかを知るため、ついでの散歩をしていたのだ。

部屋のドアを開け、玄関で靴を……とその時だった。

Yさんが見たのは、あの水漏れだった。

前日の夜、床が濡れてしまうのは良くないと思い、ラーメン用のどんぶり鉢を水滴の落下地点に置いてあった。

それが、溢れてしまっているのだ。水はそのままフローリングの床に大きな円を描いて広がってしまっている。昨日と比べて、明らかに量が異常である。

Yさんは水たまりをきれいに拭うとバケツをダンボール箱から取り出して、水滴が落ちてくるところに置いた。何リットルも入るのだ、これで溢れることはないだろう。

しかし。

その翌日、再びYさんが同じような時間に散歩から帰ってくると、バケツから水が溢れているのが見えた。

見上げると、引っ越した初日に見たときよりも染みが大きくなっている。天井の向こうで何がどうなっているかわからないが、状況が悪化したらしい。

Yさんは、敷いてある布団にまで被害が及んでいないことに胸をなでおろすと、水漏れの始末をしようと近づいた。

（ん……?）

見ると、バケツの中には一匹の赤い金魚が泳いでいた。

思わず天井を仰ぎ見たが、穴のようなものは開いてなかった。

——ではどこから来たのか？

部屋の戸締りはしっかりしていたし、窓もちゃんと鍵がかかっていた。

不思議に思ったYさんは、先のどんぶり茶碗に金魚を移して、それを飼うことにした。


あくる日。

不動産屋と工事業者と自分の三人で部屋の前で待ち合わせたYさんは、三人同時に部屋に入った。

「どこですか？」

工事業者に問われて指さそうとしたYさんだったが、天井の染みは無くなっていた。

「あれ？　おかしいな……」

そう言って不動産屋がバケツに近づくと、中は水の一滴も見られなかった。

それ以来、Yさんの新居には水漏れが起こることはなかったそうだ。

今もその金魚は大事に飼っているという。

十八　沫

（福島県　会津若松市）

【音】マツ
【訓】あわ　しぶき
【意味】みなわ。水のあわ。とばしり。水やつばなどの細かいつぶ。

Kさんは、会津若松市の鶴ヶ城から猪苗代湖方向に歩いたところに住んでいたそうだ。二十年前に県外の企業に就職してからほとんど地元には帰らなかった。理由はない。その彼が幼馴染の結婚式に呼ばれて実家に戻った二年前のことだ。

西若松駅に着いたのは午前十時を少しまわったときだった。式の前に実家に一度顔を出しておこうと思い、前日に移動したのだ。

両親が住む家までは歩いて一時間弱。せっかくの帰郷だ。長年の間に変わった風景を楽しみながら、目的地まで行こうと考えた。

曇ひとつない快晴である。散歩だけでも楽しめたそうだ。

四十分ほど歩いたとき。

「あぁ、Kさんとこの息子さんかねぇ、懐かしい」

声のした方を見ると、老婆が柄杓を手にして打ち水をしている。

「ご無沙汰しております。おばあちゃんも元気そうで」

軽く会釈をして応えたKさんだったが、頭の中にはひとつの疑問が浮かんでいた。

(実家を出たときから姿が変わってないいな)

この老婆は、Kさんの記憶では彼が小学校の頃から、毎日かかさず水まきをする名物ばあさんだった。十八年前に実家を出るときも挨拶したのを覚えている。

(あの時だってたしか………八十歳超えてなかったか?)

思い違いでなければ現在百歳以上ということになるが、見た感じは七十代後半から八十代前半といったところだろう。

Kさんは疑問に感じつつも、

（ある一定まで年を取ると外見はあまり変わらないものだな）

と自己解決し、その場をあとにして実家に向かった。


それから更に十分ほど歩くと実家が見えてきた。事前に連絡を入れておいたお陰か、母が玄関先に出て迎えてくれた。

電話では何度もやり取りはあったが、十八年ぶりの対面である。一瞬、何を話して良いかわからなくなった。咄嗟に、先ほど会った老婆のことを持ち出した。

「途中でさ、水まきばあさんに会ったんだけど、今でもあの人、日課をかかさないんだね」

「え？　あのおばあちゃんなら、もうずいぶんと前に亡くなったけど……？」

驚いた表情で見てくる母に、母以上に驚きながら「そんなはずはない」と母を連れてさっきの場所に戻ってみる。

すると、そこには乾きかけた道路があるだけだった。

十九　沸

（秋田県　場所は伏す）

【音】フツ
【訓】わ―かす　わ―く
【意味】湯が煮え立つ。煮えたぎる。ふき出す。

Ｆさんという大学生から聞かせてもらった話だ。

彼女はその年、秋田県の大学に入学した。
念願の独り暮らし。県外から受験をして合格したのだ。
入居する先は新築で、白を基調とした清潔感のあるマンションといっても差し支えない外装・内装のアパートだった。

大学生になって、初めての夏休みのときだ。

その日は、三十五度を軽く超える猛暑日だった。

早朝シフトのアルバイトから帰ってきたFさんは、帰ってくるなり勢いよく冷蔵庫を開けると、麦茶用のピッチャーを取り出しそのままぐびぐびと飲みだした。

かなりの量が喉の渇きを潤したところで一息つく。そして、今度はグラスに注ぐと、それを台所のテーブルに置いた。

改めて飲もうとしたその瞬間。

――パリンッ
目の前でガラス製のコップが音を立てて割れたのだ。床にこぼれようとする麦茶を遮るため怪我することも気にせず思わず手を出す。

「あつっ！」

反射的に腕を引っ込めた。

それは火傷するかと思うくらい熱かった。どうやら沸騰していたようだ。

Ｆさんは、手を冷やそうと蛇口をひねった。すると、出てきたのは熱湯で、シンクに湯気がもうもうと立ち上がった。

すでに『喉が渇いた』どころではなかった。

怯えたＦさんは、近くに住む友人の部屋に転がり込んだ。

友人に事の仔細を話すと、とても信じてはくれなかった。Ｆさん自身、こんな話されても信じられないと思った。


再び部屋に帰ってきたのは、夕方だった。

友人にうまいこと言いくるめられた。曰く「気のせいじゃないか」「暑さで勘違いしたのかも」と追い返されてしまったのだ。

Ｆさんは、仕方なくシャワーを浴びて汗を流してから夕食を取った。

夜。

明日の授業で提出するレポートを書いていると、喉が渇いた。

そういえば、あれから何も飲んでいない。

Fさんは何か飲もうと椅子から腰を上げた。

――瞬間。

強烈な渇きに襲われた。

口の中の水分が一気に無くなり、唇が開かなくなった。加えて、灼熱の砂漠に放り出されたのではないかと思うくらいの暑さが彼女の肌にまとわりつき、汗が吹き出る。眼球を覆う涙でさえ蒸発してしまったのか、瞬きすることすらかなりの力が必要に思えた。

あまりのことに驚いたFさんはふらつく足取りで玄関を目指すと、そのまま外廊下に転がり出た。部屋に居てはいけないような気がしたからだ。

裸足で先ほどの友人の家に飛び込んで、そこから意識が途切れた。

次に気がついたときには、友人の部屋のベッドの上に寝かされていた。聞けば、あれから十分と経っていなかった。

友人から水をもらったFさんは、再び事の顛末を話した。さすがに真に迫っていたのか、友人も「それならば」と一晩泊めてくれたそうだ。

翌日、気になったFさんは不動産屋を訪れていた。

Fさんの部屋を紹介してくれた担当者を問い詰めると、彼女が居るアパートが建つ前、実は火事で全焼したアパートが建っていたことを教えてくれたのだという。そのとき、そこに住んでいた夫婦が犠牲になったということまでわかったそうだ。

Fさんは、今、そこを引き払って別の場所に住み、大学生活を楽しんでいる。

二十　浄

（XX県　場所は伏す）

【音】ジョウ
【訓】きよ―い
【意味】きよめる。きれにする。清くする。よごれを取り除く。

怖い体験談を集めていると、稀に『取材には応じるが、とにかく具体的な場所や名前を出すのだけはやめてくれ』というお願いをされることがある。逆にいえば、『それができないのなら話さない』ということだ。だいたいの場合、何かの切っ掛けでご近所に知られてしまったときに奇異の目で見られてしまうのを避けるためだ。

今回の話、Fさんから喫茶店の一角で教えてもらったのは、以下のようなことだった。

Fさんが生まれ育ったのは、東北のある都市だった。

彼の両親は、ある製品の部品を作る工場を経営しているのだそうだ。

実家は、築百年は下らないという古い古い日本家屋だ。片側二車線の大通りを南に折れて、数分歩けば彼の家だ。正面には車が三台停められるスペースがあり、その奥は両開きのガラス戸。開けて中に入り、上がり框《かまち》から先は畳敷きの廊下で左手には応接間と祖母の部屋、前方が両親の寝室で、右手の階段を上れば父の書斎と自分の部屋があった。

「お母様のお部屋がありませんね?」

問うと、「あぁ、それはね」と吸っていた煙草を灰皿に擦り付けて火を消した。

母が居たのは、離れだった。

といっても、母屋から外に出て歩く必要はなく、階段の先にある渡り廊下を進めば増築した隣の家がある。その一階で母は過ごしていたのだ。

Fさんが大人になって父から聞いた話によると、母は祖母と不仲だったため、寝るとき以外はできるだけ引き離そうという狙いがあったそうだ。

離れは、母が嫁いできた数年後に建てられた。母屋とは違い洋風住宅で、ネイビーの外壁で造られ、土壁や瓦とは異なり平たい断熱材が使われている。内装も白を基調とした壁紙が採用され、流線的な木材をそのまま使う和式と違って直線的なデザインの柱や階段が印象的だった。なにも、祖母と母を引き離すために建設したわけではなくて、元々計画があったのだ。それは、父の趣味で集めている物を置くためだった。事実、二階には足の踏み場もないほどのコレクションがあったとFさんは証言する。従って、母がそこに住んだのは『もののついで』みたいなものだった。

そんな中、ひとつ約束事があった。

——離れのトイレを使ってはならない。

母屋から渡り廊下を進んで離れに入ってすぐ、洋式トイレがあった。なぜかそこだけが和式の外開き扉で中は洋式の便器が設置してある。

そこに入ってはいけないのだという。

だが、Fさんは中学生のときに一度だけ、そこに入ったことがあるそうだ。

彼が十四歳のときだ。

その日、日曜日で朝から友達と遊びに出かけていたFさんが帰ってきたのは十七時をわずかに回ったときだった。彼の家は門限に厳しかったそうだ。

帰宅して、最初に行ったのは便所だった。

木戸を外側に開けようとしたが、鍵が掛けられている。

「あれっ？」

焦るのは無理もないことだった。大通りの交差点で友人と別れた直後から急な便意に襲われたのだ。そこから家まで普通に歩けば十分。早足だとしても七分くらいか。Fさんは小走りで自宅に飛び込んだ。しかし、彼の予想通りにはならなかった。祖母が入っていたのだ。何度かノックすると、祖母の苦しそうな声がわずかに聞こえてきた。途切れ途切れの話を総合すると、どうやら祖母は昼食に当たったようで、すぐには代われないということだった。救急車を呼んだ方が良いのではないかとも思ったが、自分だって緊急事態だ。

「こんなときに……」

ここで、思い出した。もうひとつ、トイレがあることに。

普段、両親から使ってはいけないと口酸っぱくいわれていた。しかし、なぜそうなのか聞いても教えてくれない。ならば、今回くらいは良いのではないか。文字通り、緊急事態なのだから。

Fさんは、渡り廊下をどたばたと進むと、入り口の取っ手に手をかけて中に入った。

「ふう……助かった………」

安堵した。この年齢で漏らすなどあってはならない。家族の誰かに見つかろうものなら、正月や盆、親戚一同集まるときに必ず笑いの種にされることが容易に想像できる。

彼は、この後トイレを使ったことが親にばれたとしても、自分の判断は正解だったと胸をなでおろした。

——げぇ……

(ん？ 今、何か聞こえなかったか？)

すでに用は足し終わっていた。腹痛を我慢したせいで吹き出た冷や汗が引くまで、便座の上でじっとしていようと考えている最中のことだった。

慌てていたので、よく観察をしなかったがそこは殺風景で、目につくものといえばトイレットペーパーホルダーと手拭タオルくらいだ。開閉できる窓はなく、通気口は背面の足元あたりに横に細長い窓が取り付けられていた。

――げ……げぇ…………

(蛙……か?)

梅雨の到来にはまだ少し間がある。全国四十七都道府県でもワーストを争う日照時間ではある。今日もそういえば朝からどんよりとした曇り空で、帰宅した瞬間から静かに雨が降っていてもおかしくはない。

ただ、近くにいて鳴いているということであれば、ちょっと変だ。

それが草木が生い茂る母屋の庭だというのならば、まだわかる。しかし、その庭とはかなりの距離があるのだ。小さい緑の生き物の声など、どこかで掻き消えてしまうのではないかとも思う。

「おい!　誰か中に居るのか?」

父だ。まずい、見つかってしまった。

「ごめんなさい！　お腹が痛くて漏れそうだったから……」

声で自分だとは理解できるはずだ。とにかく謝って許してもらうほかない。

「お前か。わかったから、早く出てきなさい。それとも、まだ痛いのか？」

「いや、もう。すぐに出るから。あ、扉の前に居られると開かないから」

「あ……そうだな。これで大丈夫だろう。早く出なさい」

ぎしぎしと廊下が軋む音がした。二歩ほど父が後ろに下がってくれたのだ。

その後、トイレから出たFさんが本格的に叱られることはなかったが、そこに入ってはいけないことに念を押された。


その晩のことだ。

腹痛で目を覚ました。時計を見ると、午前二時。昼食が悪かったのか、夕食に痛んでいたものが使われていたのか。それとも、何か体調を崩したのか。

考えていても始まらない。お腹を下していることは、明らかだった。布団を退けて、部屋を出て、階段を下りてトイレに……。

（え？）

誰かが入っている。

ドアの上部にある小窓が煌々としているのだ。だが、消し忘れということもある。

――こんこん
「誰かいるの？」

ノックをしながら中に問いかける。すると返事が来た。

「あぁ、ごめんなさいねぇ。お昼からずっとお腹の調子が悪くて」

祖母だ。夕方、帰宅したときにも先に入られていたが、今もって治らないのだろうか。

心配にはなったが、こちらもそれどころではない。

真夜中、こんな時間に両親が起きてくることはないと踏み、彼はまたしても入ってはいけないトイレに、足音を立てないよう注意しながら早足で駆け込んだ。


間に合った。今回も事なきを得た。

朝になったら学校を休んで病院にでも行こうか。祖母も心配だ。いったいどうしたというのだろうか。

腹痛が完全に引くのを待ちながら、便座の上であれこれと考える。

生まれて初めて入ったのが昨日の夕食前。そして二度目は数時間後の今。偶然とは重なるものだ。それにしても……。

ここの何がいったい『禁止』なのだろう。座ったまま、ぐるりと中を見回すが変わったところはない。乳白色の便器に、白い壁紙、後方には吊り戸棚があり収納されているのは予備のトイレットペーパーだ。友達の家のそれを思い浮かべ、比較してみても何が問題なのかさっぱりわからない。

しん……とした個室で、ひとり考え事をしていたがなんとなく怖くなった。

古風だが、草木も眠る丑三つ時。いかに洋式だとはいえ、不気味なものは不気味だ。


——げぇ……


（うわっ）

体が一瞬、跳ねた。見るものはないと、つい先ほど考えたにもかかわらず、ゆっくりと様子を窺うように周りに視線を配る。

（さっきの蛙か？）

——げぇ……げぇ……げぇぇぇ……

（なんだ？　気味の悪い鳴き方だな）

あのときは、雨蛙か何かだろうと、深く考えなかった。その前に父がやってきたということもある。だが、今はそうではない。

よくよく耳を澄ますと、庭なんかからではなく、もっと近くから聞こえているようだった。そして、先に想像していたよりも、出どころの動物は大きいような気がする。鳴き声が違うのだ。小さいそれよりもでかいほうが、声は太く低い。聞いたこともないのに、牛蛙だと感じた。図鑑で見たそれが鳴くならば、きっとこんなものだろう。そもそも、雨蛙ならばもっとケロケロと可愛いはずだ。

ただ、そのくらいの大きさがあるものがどこにいるのだろうか？

——家の中？

だとしたら、よろしくない。ここには母がいる。あの人は、爬虫類や両生類がいっさい駄目なのだ。幼少の頃に、ふざけて母親に放り投げたヤモリで、まさか気絶するとは想像もしなかった。その彼女が、巨大な牛蛙を見たとしたら、どうだろう。大袈裟かも知れないが死んでしまうのではないかと思った。

(朝までに見つけなければ)

再び、神経を耳に集中させ音に対する感覚を研ぎ澄ます。

——げぇ……

(どこだ……?　遠くのような近くのような?)

何度も聞こえてくる地を這うような鳴き声に少しばかり肌が粟立つ。

(あれ……?　これって)

この個室の中で鳴ってないか?

脳裏に考えが浮かんだ瞬間、全身に悪寒が走った。

ゆっくりと立ち上がって振り返り、吊り戸棚を開ける。が、そこにはトイレットペーパーと掃除用の洗剤が置いてあるだけだ。

（掃除するってことは入ってる人がいるってことじゃん）

その事実に腹が立ったが、今はそれに構っているときではない。

（ここじゃない……ということは）


――タンクだ。


陶器製のロータンクの蓋を両手で掴み、ゆっくりとずらしていく。

（ん？　中に何か……）

「うわ……これ………うわあっ！」

入っていたのは、人骨だった。それも、赤ん坊の。

ジップロックのような開閉できるビニール袋に入れられたそれは、皮も肉もなくただ骨だけが残されるのみ。頭蓋骨《ずがいこつ》の大きさとは不釣り合いに黒く開かれた双穴は眼球がなくてもこちらをじっと見ているようだ。

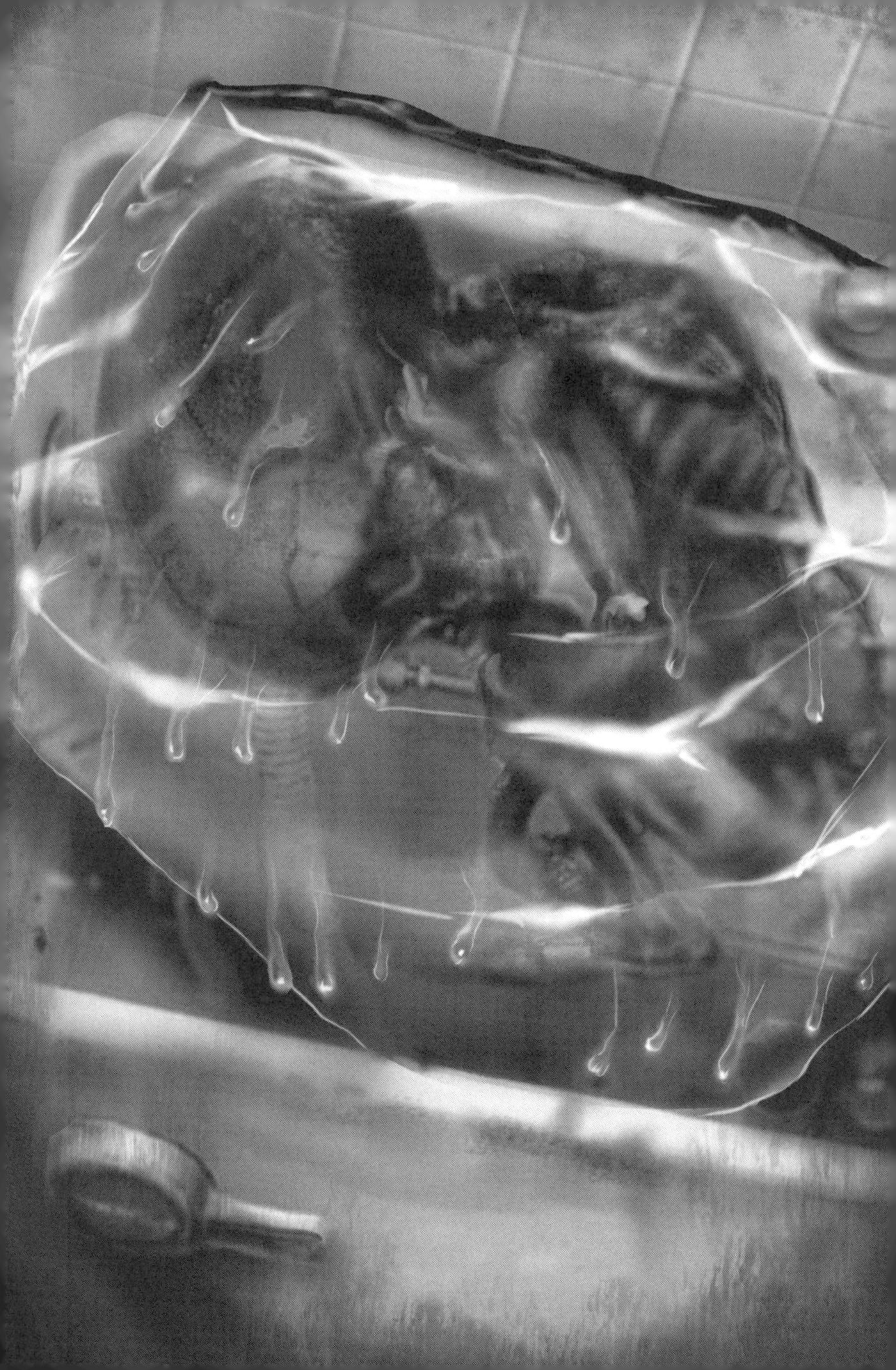

――げぇ……


次の瞬間。

かちんと陶器に側頭部をぶつけ、顔面をこちらにむけた骸《むくろ》が鳴いた。

理解した瞬間、Ｆさんは悲鳴と同時に蓋を放り投げ、乱暴に扉を開けて外に躍り出た。

怒られるのもどうでも良いことだと、両親の寝室に走りこんで叩き起こした。

もちろん、ものすごく怒鳴られたが、それ以上の大声で今自分に起きたことを話して聞かせた。

Ｆさんが最後に覚えているのは、諦めた両親の顔だった。


「結局、僕には『兄』がいたってことです。よくある話ですけど、夜泣きノイローゼになった両親のどちらかが首を絞めて殺してしまったということで。ええ、当時は報道もされました。ずっと前に罪を償って今は別のところに引っ越して、三人で暮らしています。祖母は老衰で亡くなっていますす」

一通り話してくれたFさんは、すごく疲れた様子だった。彼の中では、まだ鮮明に思い出されるのだろう。

「入ってはいけなかったのは、Fさんだけだったんですね？」

「はい。祖母は……知っていたのかわかりません。その後、親戚たちが家に代わる代わる来てくれて、生活を手伝ってくれました。工場は一時的に叔父が引き継ぐことになって、今でも細々と経営し続けています」

「今もXX県に？」

「いえ、その辺も伏せさせてください。もう終わったこととはいえ、知られたら良くないですし、最悪工場がつぶれてしまうかも知れません」

「そうですか……」

「結局あのとき、なぜ鳴き声がしたのか。要は、骸骨《がいこつ》が鳴いたのか。それはわかりません。でも、なんとなくですが、弟に助けを求めたんじゃないかって思うんです」

そういうと、Fさんは目の前のアイスコーヒーをごくりと飲み干した。

二十一　泣

（秋田県　潟上市）

【音】キュウ
【訓】な―く
【意味】涙を流してなく。声を立てずになく。なみだ。

てっきり神奈川県民かと思っていたら、結婚するから実家に帰るといい出した女友達がいる。考えてみれば、仲間内で飲むときだけ稀に顔を合わせるぐらいの関係だったので、詳しく彼女のことを知らなかった。挨拶くらいしようと思っていたのだが、いつの間にか帰郷してしまっていた。

そんな彼女に連絡を取ると、ひとり友人に怖い体験をした者がいるのだという。

それが、Aさんという彼女と同じ地元の女性だ。

今年三十二歳になるAさんは、二十代の頃、埼玉県内で保育士をしていたそうだ。

さいたま市という大きな都市の住宅地に住み、近所の保育園に勤めていた。ちょうど三十歳になったとき、仕事を辞めて秋田県に帰り、現在は高校時代の同級生と結婚して専業主婦をしているのだという。

そのAさんが、去年の春先、こんな体験をした。

ある日のことだ。

何軒かとなりの――四、五分歩いた――家にお邪魔していた。不慣れな郷土料理を教えてもらうためだったそうだ。

夕暮れになり、そろそろ帰ろうということになった。自宅まではすぐだから、もう少し居たら良いじゃないと誘われたが、旦那が帰ってくるまでには夕食を作ってしまいたいからという理由で、やんわりと断りを入れた。

その家の玄関を出て、自分の家までは路地をまっすぐ歩くだけだ。

別れの挨拶をすると、彼女は歩き始めた。

二、三分ほど進んだとき。
小さな交差点の角——彼女から見て右手前——に、子どもが立っていることに気づいた。

小学校低学年くらいだろうか。最近では珍しいおかっぱ頭で半袖の白いTシャツにデニム地の半ズボン。真夏でもないこの時期にずいぶんと季節外れの格好をさせる親が居たものだと、しげしげと観察してしまう。髪形だってそうだ。今時ではない。

それに、どうやら泣いているようだ。頭部と肩が何度も小さく上下し、しゃくりを上げている。何か、悲しいことがあったのだと、Aさんは気に留めてしまった。

「どうしたの、僕？　そんなに泣いて、どうしたのかしら？」

近寄って、少年の前にしゃがみこんで目線を合わせる。

Aさん自体、そこまで身長が高いわけではないが、男の子からすれば見上げる存在だ。

それに、見知らぬ人に話しかけられるということそのものが、怖いと思う子どももいるかも知れない。保育士時代によく経験したことだった。

すると、両手で目を覆うように泣いていたその子が、すっと腕を下げ顔を上げた。

その顔は、涙と鼻水でぐちゃぐちゃになっていて、ずいぶんと長い時間ここで悲しんでいたということが窺い知れた。

「えっとね、僕ね……あれ？　ここどこ？」

何かを話しかけたかと思ったが、ぴたりと泣くのをやめ、きょろきょろと周囲を見回す。迷子になっているようだ。しかし、話し始める直前までは、そんなことに自分でも気がついていなかったように見える。少年は、狼狽してまた泣きそうな表情になった。

「お、落ち着いて。ね？　お名前、いえる？」

問いかけると、少年がふっと真顔になった。

「僕……」

つぶやいたその瞬間。

少年の両の目から涙がつうっと一筋ずつ流れてきた。

「ひっ！」

悲鳴を上げたのはAさんだ。

その少年の左目から流れる透明な液体は極々普通だ。しかし、右目から垂れるそれは赤黒く、見る間に二筋三筋に増え、ぼたぼたと舗装されたアスファルトの上に落ちていた。

「きゃあっ！」

あまりの出来事に再度悲鳴を上げて瞼《まぶた》を閉じた。だが、すぐに目を開けると、今度は張り付いた満面の笑顔が、息が掛かる距離まで迫っていた。
Aさんは、声にならない悲鳴を上げると踵を返して、今来た道を走って逃げたそうだ。

「けっけっけ」

その彼女の背中に不気味な笑い声が投げつけられた。すでに、先ほど会話したときの甲高い少年特有の声ではなく、低い低い女性のような声だったという。
その声と同時に振り返ると、少年はその場ですっと消えていなくなったそうだ。
Aさんは、しばらく道の真ん中で呆然としていたが、車のクラクションで正気を取り戻し、かなり大回りをして自宅に戻ったということだった。

「あとになってから気がついたんだけどね、そのとき七年ほど前に男の子がそこで事故に遭って亡くなってるのよ。直接会うようなことはなかったから顔も知らない子なんだけど

ね。『もしかしたら』って思っちゃうよね」

そうAさんは、私の女友達に語った。

今でもAさんは料理を習いに行くことはあるが、もう遠回りしてしか通えないと話していたそうだ。

二十二　浮

（宮城県　場所は伏す）

【音】フ
【訓】うーかぶ　うーかべる　うーかれる　うーく
【意味】水面や空中にただよう。船をうかべて水上を進む。

取材に応じてくれたのは、E君とS君。どちらも、現在は大学生で東北の国立大学に在籍している。訊くと、幼馴染で小学校三年生からずっと同じ学校に通っていたそうだ。今回はどちらかというと、このお二人から『話を聞いてくれ』とのことで、一席設けることになったのだ。怪異蒐集ということでは珍しいケースだ。

というのは、怖い経験をした者は往々にして、良い思い出ではないため、どうしても語りたがらないものだからだ。

居酒屋の一角、四人座りの客席で二人を前に、右手を出して話をうながした。

当然、テーブルの上にはソフトドリンクといくつかの肴しか置かれていない。飲むのは、聞き終えて、こちらの質疑が完全に終わってからだ。

さて、どのようなことが起きたのか。

今から五年前、E君はS君と連れ立って市のお祭りに遊びに来ていた。

駅前通りの屋台コーナーであれこれと祭り独特の食事をし、梯子乗りを観て、さらに流しうーめんを食べ、すれ違う友達に挨拶をするなど、祭りそのものをとても楽しんでいたそうだ。

「なぁ、そこの金魚すくい、寄って良いか？」

「かまわないけど、もう高校生だっていうのにそれか？」

「いいじゃないか。けっこう好きなんだよ、これ。あ、おじさんひとつお願い」

E君は、連れに許可を取ると、屋台に近づいて脇に座っていた強面の男性に百円玉を何枚か渡し水槽の前にしゃがみこんだ。硬貨の代わりに受け取ったのが、紙ポイだった。

（えっと……どれがすくい易そうかな）

水上を舐めるように見ながら獲物を物色する。赤い奴にしようか、黒い出目金にしようか、それとも体格の大きな姉金にしようか……。

「おい、そっちのそれ。取り易そうだぞ」

背中越しにS君も指示を出してくる。先ほどまであまり乗り気ではなかったのに。

E君は心の中で苦笑すると、S君が指定した右手側の金魚を標的に定めた。

つぅっ……と視線が水面の上を撫でて行く。

と、そのときだった。

――ぽつ……

水面にひとつ、小指の先くらいの大きさで白く丸いものが浮かんだ。

(なんだ?)

魚を追う視線を止めて、それに注目する。

すると、音も立てずその丸は大きくなり、人間の鼻が現れた。

(えっ?)

さらにせり上がってきたそれは、今や完全に浮かび上がり人間の顔になっていた。

耳と髪の毛は水中にあり、どのような形なのか窺い知ることはできない。

そしてそれは、子どもとも大人とも取れない面貌で、男女どちらかと問われてもはっきりとは答えられない。水に濡れた額や頬はもちろん、唇まで白く、とてもではないが生を感じることはできなかったそうだ。

（……ひっ！）

当然、そのこの世ならざる者を見てE君は声にならない悲鳴を上げた。S君も驚いているだろうと振り返るが、彼は何事もなかったかのように、自分が指定したターゲットを指差しているだけだ。

（こいつには見えていないのか？）

もう一度、水槽に目をやると、その顔はゆっくりと目玉を横に動かして、E君をじっと見つめた。

「だれだ…………？」

古いカセットテープを無理やり再生するようなひどく曇った声だった。

（誰って？　名乗ったら駄目なんじゃないか、これ……）

どうしようか考えがまとまらず固まった。ポイを握る手も震えている。

そして、真夏の暑さで流れる汗とは別種の水滴が額をつたう。

どのくらい時間が経ったのか。一分か三分か、はたまた五分か。

白面は、目線を出てきたときと同じ正面に戻すと、やはり音もなく沈んでいった。

「おい、どうした？　狙ってるやつ、どっか行っちゃったぞ？」

「ん？　あ…………あぁ…………すまない。ちょっとぼうっとしてた」

「しっかりしろよ、そっちがやりたいっていい出したんじゃないか」

「悪い……」

「どうした？　顔色悪いぞ？　汗だって普通じゃないな。腹でも痛いのか？」

S君の声で現実に戻されたE君は、何が起きたのか理解できなかった。とにかく、真剣に心配してくれているS君に詫びて、その場から帰ることにしたのだそうだ。


その翌年のこと。

この年もE君とS君は祭りに来ていた。

去年、奇妙なことがあり、E君はそれが頭から離れなかった。いつもどこかであの目が自分を監視しているような錯覚に陥ることもあったという。

そんな厭な思い出があるにもかかわらず、再び今年もここにやってきたのは、S君が誘いに家の前までやってきたからだった。急なことに驚き少しだけ嫌気が差したが、親友の頼みとあっては無下には出来ない。玄関先で、自分が着替えるまで待たせてから、合流して開催地まで二人で向かったそうだ。

「お？　E、ほら、あそこに金魚すくいの屋台が出てるな。去年もあのおじさん見た記憶がある。どうだ？　今年もやっていけよ、一回くらい奢ってやるから」

「うん？　あぁ、本当だ。よく覚えているな。感心するよ。でも、俺ちょっと……」

気乗りしないから、と拒否しようとしたが、無理やり硬貨を握らされてしまった。

「わかったよ。というか、お前はやらないの？」

「いや、俺は見てる方が好きなんだ。ほれ、早くやれよ」

E君は、今年も同じことがあるとは限らないし、もう一度やってトラウマのようなこの記憶を払拭できれば良いな、と金魚すくいに挑んだ。

「おい、そっちのそれ。取り易そうだぞ」

「お、おう。任せろ」

(ん?)

E君は、何か違和感をもった。

(Sの、この台詞。去年も同じフレーズで聞かなかったか?)

振り返ると、S君が顎《あご》で水槽の金魚を指し示す。

「あ、ああ。わかった」

考えても仕方がない。とにかく、今は集中しようと、遠ざかっていこうとしている獲物に視線を向けたそのときだ。

水面にひとつ、豆粒大の白く丸いものが浮かび上がった。

(あ、これって……)

見る間にそれは、文字通り全貌を現した。そして間違いようもなく、去年E君が目撃したあの真っ白な顔であった。

もう目を離すことはできなかった。トラウマを拭おうとして、トラウマで上塗りしてしまったようだ。E君は、またも動けずにそれを見つめることしかできなかった。

「だれだ…………?」

地の奥底から響くあの声も同じだった。

鈍く光る双眸が、ゆっくりと左右を睨める。最後に、ぴたとE君で止まり、問う。

お前は誰なのだ、と。

（………）

何かをいおうとしたことは確かだ。しかし、怖さで声が出ないのか、あるいは頭が何をいえば正しいのか判断しかねているのか、とにかく口から言葉が出なかった。

「おい、E！　大丈夫か？　また腹でも痛いのか？」

「えっ？　あぁ、いやそうじゃない」

S君の声で我に返った。彼が何かいってくれなかったらどうなっていたのか。

頭からバケツで水を掛けられたようなほど冷や汗をかいている。

振り返れば、昨年と同じ怪訝な顔でこちらの様子を窺っているS君がいた。

再び水槽を振り返ると、すうっと顔が沈んでいくところだった。

（なんだったんだ………？）

じっとりと額に汗で張り付く前髪をかき上げた。

「悪い。もう帰ろう」

「え？　まだ何も食ってないのにか？」

「悪い……」

それ以上はしゃべる気になれなかった。S君に申し訳ない気持ちではあったが、あとで何かしらの埋め合わせをすれば許してくれるだろうと考え、祭りから引き上げさせてもらい、自宅の前で解散した。


「ということがあったんですよ」

上気した顔で口早に話すE君は、昨日のことのように詳細を語ってくれた。

「それは非常に奇妙な体験ですね。それで、その白い顔をS君は見ていないと？」

「ええ、こいつはこういっているんですけどね。俺には心当たりなくて」

きっと何度も聞かされているのだろう。いかにもうんざりとした表情で、乱暴に立てた親指で隣に座るE君を指すと、S君は首を何度も横に振った。

「何回も確認してるんですけど、こいつは知らないって」

「不思議……ですね」

「はい。それに、あのときはそんなに気にしなかったんですけど、思い返してみるとまわりの客や屋台のおじさんも気が付いていないようでした」

「あぁ、なるほど。ということは、E君だけがその白い顔を見た。そして、周囲の人はおろか一番近くに居たS君でさえもその存在に気が付かなかった、と」

「え……？」

「いえ、違います」

二人が同時に何をいっているんだという、きょとんとした顔でこちらを見た。

「どういうことですか？　今までの話だと、E君は怪異を目の当たりにした、S君は異常に気づきもしなかったということですよね？」

「違うんですよ、なあ？」

片手を顔の前で横に振りながら否定するS君は、E君に視線で同意を求めた。

「そうです。Sは、祭りなんかに行っていないっていうんですよ」

「ええ、それでそんなこと知らないっていつにいっているんです」

大きな勘違いをしていた。S君がさっきから『心当たりはない』『知らない』といっているのは、白い顔を目撃したか否かではなく、E君と祭りに行ったかどうかだったのだ。

「な、なるほど……。これは意外な方向に話が進んできましたね。そして、とても興味深い。だとすると。その話の中で、Ｅ君も勘違いをしているってことになりますね」

「……え？」

今度はＥ君とＳ君が狐につままれたような顔をする番だった。

「どういうことですか？　僕は何も……」

「どうでしょうね。ひとつ質問です。最初の年、祭りに行きたいといい出したのはＥ君ですか？　それともＳ君ですか？」

「あぁ、あのときは…………たしかＳが家に来ましたね。二年目のときもそうでした」

「そうですか、そうですか。となると、Ｓ君は二人居たことになりますね」

「僕が二人……ですか？」

「ええ、祭りに行ったＳ君と、祭りに行かなかったＳ君。もちろん、後者はあなたです」

二人とも話が見えないといった表情でこちらを見ている。

「ところで、『誰だ？』と訊く場合、それは自分のテリトリーに入ってきた人に対する台詞だとは思えませんか？」

「うーん……。あぁ、泥棒が侵入してきたら、まずは『誰だ？』ということですよね」

「その通り。たしかに白い顔からしたらE君は侵入者かも知れません。でも、それだとそこにいる全員に訊かないといけない。でも、E君の話を聞く限り、訊いていない」

「たしかに」

二人とも考え込むように腕組みをし、こちらの言葉をひとつひとつ飲み込んでいく。

S君だけはすでに察しているのか、落ち着きがなくなっていた。

「白い顔は、何を問うたんでしょうかね。その場に居たS君が異形の者だとしたら、問われていた本当の内容はこうじゃないでしょうか？」


『――お前が連れているそいつは誰だ？』


そう問いかけると、二人は俯いて一言もしゃべらなくなってしまった。

彼らに今一度訊いたが、今となってはそれも確かめる術がないということだった。

二十三 滑

（山形県 山形市）

【音】カツ コツ
【訓】すべ―る なめ―らか
【意味】つるつるしている。すべすべしている。ぬめる。

Iさんと会話をしたのは、山形駅に直結しているビルのカフェが初めてのことだった。電子メールでは何度もやり取りをさせて頂いていて、彼自身の体験談や友人・知人の怖い話を数多く寄せてもらっている。

二〇一九年の晩夏に、取材旅行と称してぐるりと東北六県を回ったのだ。そのときに、以前から親交のあるIさんに連絡を取り、対面する約束をした。

彼は、生まれも育ちも山形県で、金融業に従事しているが転勤はなく、県外で生活したことは今まで一度もないそうだ。

今から十五年前、三十歳のときに秋田県出身で二歳年下の女性と結婚し、山形市のある町に新居を構えた。

「これ、何に見えますか？」

彼は、膝の上に置いた値が張りそうな革製のブリーフケースを開け、クリアファイルを取り出すと、その中からテーブルの上に一枚のL版サイズの写真を差し出した。

「何に……って、登山中の記念写真ですか？」

明るい日差しの中、新緑の森とプレハブ小屋をバックに、いかにも登山客でございといった服装の二人が笑顔で写っている。一見、砂利道とその奥にある森林だけで判断するなら単なるピクニックなのかもしれない。しかし、被写体の二人は登山服と杖を持っているところから、山登りの途中なのだと推測できた。

「そうです。写真に日付は書かれていませんが、これは六年前のものです」

「お隣は、奥様ですか？」

ひとりは目の前に座っているIさんだ。ならば、当然。

「ええ、家内です。元々、山はこいつの趣味でして」

一度、彼の体験談が送られてきたとき、『自分の趣味は釣りで』とあった。きっと、疑問を感じた表情を読み取られたのだろう。

「なるほど。で、これが?」

怪訝そうにIさんに視線を移す。

すると、彼は再びクリアファイルから一枚の紙切れを取り出して写真の横に並べた。

「何ですか、これは?」

「まぁ、読んでみてくださいよ」

それは、新聞の切り抜きであった。三面記事で、上には日付が印刷されている。五年前の八月に発行されたものだとわかる。

内容は……。


——滑落死亡事故。

山形県のある山でひとりの登山客が傾斜に滑り落ちて亡くなったという記事だ。

「これ……と、これがどう関係しているのですか？」

先に紙片を指差して、次に写真を指した。

「この写真を撮ってくれたのが、〇〇なんです。翌年に同じ場所から転がり落ちて亡くなりました」

「そう…………ですか」

当然、偶然だと思った。怖い体験談を聞きに来ているのだからといって、これが怪異だという先入観で話を聞いてはならない。取材とはそういうものだ。

「まぁ、そういう反応になりますよね。では、こちらを」

予想していたといった表情で、Ｉさんはクリアファイルからもう一枚、写真をテーブルの上に置いた。今度も、Ｌ版で日付が書かれていない。

「これは四年前のお盆に、家内の里帰りに付いていったときのものです」

見ると、長く続く石段の踊り場で、Ｉさんがやはり奥さんと並んで笑みを浮かべ写っている。ピースサインをしているところまで、先刻の物と似ている。

「そして、それと『組み』になるのが、これです」

先と同様、Ｉさんは手元から一枚の紙を取り出し、写真に並べた。

やはり、新聞紙の切り抜き記事だ。内容はというと。

——転落死亡事故。

日付は三年前の夏になっている。秋田県のある神社で、階段を誤って踏み外した女性観光客が亡くなったと、その記事は報じていた。

「まさか……?」

Iさんに目を向けると、無表情の顔がにやりと暗く歪んだ。

「撮影者です。読んだときには、本当に驚きましたよ。ちょうど今の貴方のように」

「でも、『観光客』って書いてありますよ? お知り合いの方だったんですか?」

「家内の学生時代の友人だったんですよ。帰るタイミングで秋田を案内するからって示し合わせて招待したようで」

Iさんの主張は『彼の写真を撮った人物が翌年に亡くなっている』ということだろう。

理解したことを察した彼は、さらに一組の写真と切抜きを見せてきた。

「で、最後がこれです。たまたま僕の友人が通りすがったのでお願いしたんです」

写っているのは、I夫妻。そして、大きな池と釣り人たちが背景になっていた。

「カメラで撮ってくれた方が、これですか？」

見出しに他の文字とは違う大きさで書かれた二文字を指差す。


——溺死。


「写真が二年前。そして『これ』が去年」

Iさんは、同じように表題を人差し指でとんとんとタップした。

「最初は、『偶然ってあるものなんだな』くらいにしか思ってませんでした。だけど、二度目となるとちょっと気味が悪いな、と」

「三連続で、Iさん夫婦を写した方が翌年に同じ場所で亡くなった……ということですか」

「いえ、違います」

「違う？　どういうことですか？　拝見した写真と資料からだとそういうことですよね。最後に起きたのは去年だ。怪異は二年でセットといって良い。ということは、現時点で起きた事象は三組ということになるじゃないですか」

「実は八年前に、ですね……」

「山形の件があった二年前ですね。まさか……？」

「如何にも。そこは、お考えが正しいと思いますよ。ただ、『もの』がありません。当時は続くなんて思ってなかったし、良い思い出でもないので捨ててしまいました。新聞は国立国会図書館で探せば見つかるかも知れませんが、そういう気にもなれなくて」


話は八年前に遡《さかのぼ》る。

Iさんが三十二歳のとき、二人の間に男の子が生まれた。実家の両親や、秋田県の義両親も初孫だと、とても喜んでくれたそうだ。

連日、お祝いと称して産婦人科を退院した奥さんと子どもに会いに、親戚や友人が多く訪れた。子育ての忙しさはあったが、それ以上に家族が増えたことによる多幸感が先に立ち、息子が幼稚園に入園するまでは、本当にあっという間だった。

その子が五歳のときのこと。

日曜日に、近所の公園に家族三人で遊びにいったそうだ。

初夏の日差しの中軽いピクニック気分で訪れたそこは、とても一日で回りきれないほど広かった。日帰りのつもりだったI夫妻は、全部回るのは諦めてその一部、園内の子どもが入って遊べる池を目指した。暑いならば、水辺に行けば良いのだ。

着いた先では、遊具の周りを駆ける子ども、小川できゃっきゃと歓声を上げる幼児、屋根があるベンチで涼む一家など、たくさんの家族が休日を楽しんでいた。

I家族が最初にしたのは記念撮影だった。

誰か他の人を呼び止めて三人で撮りたかったのだが、皆遊びに夢中で声を掛けるのも気が引ける。仕方がないので、二人ずつ順番にということになった。

「じゃあ、まずはパパが撮るからママと一緒にあっちで……」

「やだ！　写したい！　やらせて！」

駄々をこねたのは、息子だった。前々から、両親がスマートフォンで自分を写すのが気になっていたようだ。そういう年頃なのだろう。

それじゃあ、ということで子どもに使い方を簡単に説明し――このボタンを押すだけ――Iさんと奥さんは池をバックに並んで写真に納まった。

ちょうど一年後だった。お子さんが亡くなったのは。

その年、再び公園を訪れたIさんたちは、そこで誤って足を滑らせた息子が、浅い池の真ん中で溺れたのだという。ちょっと目を離した隙だった。

病院に搬送され、医師が脳死と判断したのは、その日のうちのことだ。

その後、担当医からいろいろと説明を受けたのだが、あまり話したくないとのこと。

結局、I家の幸福は六年で幕を閉じた。


にわかには信じられない話だ。

だが、目の前にいるIさんの表情は真に迫っている。逆にこれを否定するということは、彼に対して失礼になるのではないかと気をもんでしまう。

「と、とにかくわかりました。つまり、四連続の怪異だったということですね」

「いえ？　だから違いますよ。何か、勘違いしてませんか？」

「え？　いや、その……」

何も伝わっていないのかと、不機嫌な目でこちらを睨んでくるＩさんに少し怖くなった。

「一回目は、たしかに息子の件です。今思い出しても、当然辛いしできれば話したくない。それでも、他の人に知ってもらうのが供養だとも感じるんです。あの子が生きた証っていうやつですかね」

「ええ、怪異を集めていると稀にそういう方にお会いすることもあります」

「それで、二回目が去年の私の友人」

「いやいや、それは四度目の話ですよね？」

「そうじゃないんですってば！　溺死したのが二度目だといっているんです！」

それはそうだが、では滑落死と転落死の件はどうなる？

「え？　じゃあ、これとこれはどうなんですか？　これらが二度目三度目なんじゃ？」

「ははは、それはきっと何かの偶然ですよ。そんなことなんかより、息子が亡くなって同じ亡くなり方で私の友達がというのは、なんだか偶然では片付けちゃいけない気がするんですよ。わかりますよね？」

今までの会話を振り返ってみると、Ｉさんは一度も『撮影者が翌年に亡くなるのが怪異だ』とは主張していない。時系列に説明しているだけだ。

おそらく彼は八年前と去年、身近な人間が溺死したということだけを事象として捉えているのだろう。奥さんのご友人が亡くなったときも、驚いたのは不思議なことに対してではなく、知り合いが亡くなったことに対しての話だと思われた。

「怖いでしょう?　二度も似た状況で人死が出るなんて」

彼の問いかけに、応える言葉が見つからなかった。

二十四　洪

（岩手県　遠野市）

【音】コウ
【訓】おおみず
【意味】川や湖が氾濫すること。

毎年、梅雨の時期になると思い出すことがCさんにはあるそうだ。

彼女は、遠野市の一軒家に生まれてからずっと住んでいる。父と母、そして妹が二人。古い木造建築で、子供が走って遊べるくらいの庭と、そこに面した長い廊下と掃き出し木製ガラス戸が印象的だという。

「家に、いや、庭に幽霊というか……うーん、そうですね、たぶんそういうのじゃないかなって思う『人影』を年に一、二度見ることがありました」

表現に少し違和感があるが、彼女の体験談は以下のようなものだった。

Cさんが小学生四年生のとき。それは、彼女の前に現れた。

六月の中旬だったという。

朝から薄暗く、三、四日降り続ける雨は、いっこうに止む気配はなかった。

それどころか、注意報が警報に切り替えられ、時間とともに雨足は強くなる一方だった。

居間の襖《ふすま》を開けて、廊下の突き当たりにある厠《かわや》へ行こうとしていた。

大雨を横目に、高湿度のとき特有のぎしぎしと鳴る床の上を進んでいく。

（これじゃ遊びにもいけない。お母さんもきっと外出を許してくれないな）

暗い気持ちがより陰々滅々とした気分になった。

（まぁ、この雨じゃ駄目だよね）

そんなことを考えながら、なんとはなしに庭に目を向けた。

雨量が異常なのか、雨の一本一本がレースのようになり、暗さも相まって隣の家が微かにその形を浮かび上がらせるだけだった。

景色を見ようとするのは、あまり意味がないはずだ。だが、習慣なのか顔が向いたのだ。

それはおそらく、園庭に咲く紫陽花《あじさい》を見て、無意識に気分転換しようとしたのだろう。

豪雨に負けず、鮮やかな彩りは、どんなに薄暗くても美しいはずだ。


――と。


彼女の正面に、ひとりの影があった。

雨という細く敷き詰められた薄いカーテンの向こう側。人型のそれは、薄膜一枚隔ててじっとこちらを窺っているように思えた。

自分の父親と同じくらいの身長から、男性だろうと考えた。

だが、それ以外特徴的なところがなく、『トイレの男女別標識の男マーク』のようだった。

髪も目も鼻も口もなく、のっぺらぼうのような頭、服を着ていないように思え、肌――表面と表現した方が正しい――は陶器のように滑らかのように見受けられた。

悲鳴は上げなかった。不思議とそれが怖いものだという認識はしたが、危害を加えられることはないと思ったそうだ。

相手は、ぴくりとも動かない。自分も、びっくりしてその場から動けずにいた。

「Cちゃーん、ちょっと手伝ってー！」

急な母親の声に思わず目を逸らしてしまった。

「はーい！」と返事をしながらも、もう一度見ようと視線を戻したが、そこにもう影はなく、ただ雨が激しく降るばかりだったという。


「そんなことが、何度もありました。決まって雨が強くて暗い日。そんな天気ってあんまりないんで、影そのものも滅多に出ないんですけど」

つまり、条件が揃ったとき、それは姿を現すということだ。

「で、ちょっと目を離すと消えちゃうんです。一度、頑張って見つめてたら、すっと掻き消えていきました」

実害はない。ただ、毎回驚かされるのだ。

『今日は出そうだ』

そんな心構えがあったとしても、尋常ならざる者に遭うわけなので、心臓は必ず一度は飛び跳ねることになる。

「今もご実家には、それが出るんですか？」

取材している私が問うと、彼女は首を横にふった。

「いえ、もう出ません。あることが起きてから」

彼女はそういうと、話を続けた。


Cさんはその年、大学受験の準備で忙しかった。要は、勉強である。

学校が終わり、帰宅すると食事とトイレ以外は机に向かっていた。

目標があるからだった。

それに向けて、午前二時まで毎日のように参考書や過去問題集を開いた。

日曜日の夕方だった。

その日は昼から風が強く、屋根を打つ雨音が試験勉強の邪魔をしていた。

――爆弾低気圧。

そういっても過言ではないほどの暴風雨がCさん宅を襲っていたのだそうだ。

瓦は激しく鳴り続け、窓も割れてしまうのではないかと思うほど揺れていた。
ふと。
（あの影、今日は居るのかな……？）
彼女は気になった。出るには十分すぎるほどの『好天』だ。
自室の襖を開けて、廊下に一歩踏み出す。
角を曲がればトイレへと続く、あの長い回廊がある。
Cさんは、少し期待をして歩いていった。

正面には便所の扉が見えていた。
軋む音とともに少し進むと、ガラス戸が並んでいる。
目の下には手入れされていない庭が広がり、雑草が所狭しと生えていた。
何度か見たときと同じように、外に目を向ける。
――居た。
ただ黒く無機質な人型は、そこに彼女を待っていたかのように佇んでいた。

(相変わらず、何をしているのかさっぱりわからないな)

心臓は緊張のため高鳴っているが、何度も遭ったことがあるのだ。彼女は少しだけ冷静に、それを眺めていることができたそうだ。


どれくらい時間が経ったのか。

彼女は『それ』を見つめたまま、動かなかった。

すると、そのときだった。

影が不意に横を向いた。

側面を初めて目にした。

やはり真っ黒だ。そして異常なほど猫背で、何か落ち込んでいるかのように俯いていた。

(今までもそういうポーズだったの?)

あまりにも黒く、関節としての境界線がないため、頭部と思っていた部分は、実のところ首をかくんと落としている状態だったと、このとき気づいた。

(なんで、向きを変えたのだろう?)

――ぴくっ

動いた。その影がだんだんと大きく胸を反らせ始めたのだ。

「はあ……ぁぁあ……あぁ…………ぁぁああ」

深呼吸するような仕草で、深く大きなため息をついた。

「うわあ！」

Cさんは、その場から飛び退いた。

聞こえるはずはないのだ。この大雨洪水警報が出る中。締め切ったガラス窓の向こうの長嘆息が、耳に届くなどということはありえない。

（怖い！）


――がっしゃんっ！


彼女が恐怖にかられ目を閉じた瞬間。

目の前の掃き出しガラス戸が、いっせいに音を立てて割れ落ちたそうだ。

（え……？　ええっ？）

もうそこに『そいつ』はいなかった。

彼女は、踵を返して両親の部屋に駆け込んだ。そして、今あったことを説明したが、信じてはもらえなかったそうだ。

ただ、窓ガラスが全部割れたということだけはちゃんと伝わり、家が水浸しになると慌てた両親が、応急処置に向かった。

二人のあとをついて様子を見にいったCさんは、そこで息を呑んだ。

「あぁ、強風のせいで割れたと思ってたけど、これが原因なのね」

「こんなことって、普通あるのか?」

母と父が話し合っているが、あまに耳に入ってこない。

それは、廊下に転がった夥《おびただ》しい数のカラスの死体のせいだった。

あの瞬間。Cさんが聞いた溜息と同時にこの鳥たちが、窓に激突したのだ。

その衝撃で散在に窓ガラスが割れてしまった。

以来、その影がCさんの家に出ることはなくなってしまったそうだ。

「不思議なことに、両親も妹たちも遭ったことはなかったそうです。自分だけだったみたいです。なぜ出なくなったのかは、今でもわかりません」

——ただ。

彼女はこう続けた。

「出なくなった前後で変わったことといえば、ガラスを新しいものに交換したくらいです。もしかすると、庭や家に憑いていたんじゃなくって、窓ガラスに宿っていたのかもしれないって思うときがあるんですよね」

確信しているという表情で話を締めた。

彼女は、生まれてからずっとそこに住んでいる。今年は、再受験するそうだ。

二十五　洗

（福島県　いわき市）

【音】セン
【訓】あら–う
【意味】すすぐ。あらい清める。きれいにする。

Aさんは、六年前に福島県いわき市に越してきた。

親戚が亡くなり、土地の管理をしなければいけなかった彼の親族は、当時比較的身軽な彼にその役目を任せた。

本人も名古屋で風俗店のボーイをやっているよりも楽なことだろうと思い、二つ返事で引き受けたのだそうだ。

そんな彼から、以下のような話を教えてもらった。

引っ越したのは、二階建ての賃貸アパート。

玄関を入ると台所と物置があり、正面に延びる廊下の右側には二枚の襖があった。それぞれ開けると、六畳の和室。奥にはこれまた同じような収納スペースが用意してある。突き当たりまで進むと、左には和式から洋式にリフォームされたトイレと、年代を感じさせるカビが取りきれていないバランス釜があった。

築四十五年と半年。

その二階の角部屋が、Aさんの部屋となった。

引っ越し初日に、彼は「こんなに良い物件に住めるのか」と思ったそうだ。

名古屋では、風俗店の同僚たちと同居をさせられていて、プライベートなどまずなかった。仕事は激務で休む暇もなければ、昼飯を取る時間すらない。まともな食事なんていつから取っていないだろうと考える余裕すらなかった。帰れば雑魚寝が常態化していた。当然、他の仲間たちも同じ条件で働いているのだ。正常に身体を労わることができなかった。

それと比べれば、天国のようなもの。『古い』というだけでいったい何だというのか。

スクーターを飛ばせばコンビニもあるし、スーパーもある。スマートフォンからネットショッピングをすれば、だいたいの物は手に入る。

彼にとって、最高の条件で『最悪な環境』から逃れられたのだ。

――ただ。

ひとつだけ、気になることがあった。

「北側の窓に洗濯物を干さないでください」

不動産屋から鍵を受け取るときに、部屋の説明のあと、そう付け加えられた。

（北側？）

業者が帰ってからすぐに部屋に入り北側と西側の窓を開けてみると、落下防止の鉄柵があり、頭の上には物干し竿が備え付けられていた。

「……別におかしいところはないな」

何度か柵を触ったり竿を動かしたりしてみたが、異常は認められない。安アパートのどこにでもある物干しといった感じだった。

しかし、このことがAさんの頭の片隅に残ったのはたしかだった。

越してきて十日くらい経ったときのことだ。

溜まってきた汚れものを近くのコインランドリーに放り込み、紙袋に入れてもちかえってきた。乾燥させても良かったが、一応は何があるかわからないので節約をしておく。

この日は暖かな陽気だったので、窓の外に干せば良いと思ったのだ。

だが、独り暮らしとはいえ十日間分の衣類というのはかなりの量だ。

西側にある干し竿は埋まってしまったが、まだ残りが何着かある。

あの不動産屋のいったことを無視するようで気が引けるが、このままでも仕方がないのでAさんは北側に干すことにした。

すべて干すものは掛け、窓を閉めて部屋を出る。そのまま、彼は再び外出をした。昼飯を買いにコンビニまで行くためだ。

親戚からもらったオートバイに乗り、用を済ませて帰ってきたのは、二時間後だった。

行った先で、なんのかんのと買い物や立ち読みをしてしまい、遅くなったのだ。

駐車場に乗り物を停め、ビニール袋に入れられた弁当を手に、外階段を目指して歩いているときに、ふと自分の部屋を見上げた。

すると、アパートの屋根の上。それも自室の真上あたりに、人影が一瞬だけ見えたのだ。

なかった。

（見間違いか？）

怪訝な表情でその場に立ち尽くしていたが、それ以上見ていても誰かが顔を出す気配はなかった。

異常に気がついたのは、夕方だった。

部屋に戻ったAさんは、弁当を平らげ、買った雑誌を読み、昼寝をして目を覚ました。

することがないのだ。親戚から頼まれていることは、毎日することではない。

しばらくぼんやりとしていたが、洗濯物を取り込んでいないことに気がついた。

まずは西側の窓を開け、衣類を取る。適当に畳んで、隅に重ねて置く。

次に北側の窓を開けたときだった。

（……ん……？）

先ほどの服はしっかり乾いて、すぐに着られるような状態だった。

しかし、目の前にあるのは、どう見ても洗濯したばかりとさえ言い難いほどずぶ濡れであった。どれも、端からしずくがぽたぽたと滴っている。プールに浸して出したばかりだといわれれば、信じてしまいそうだ。

（なんだ、これ？）

とにかく、風呂場から洗面器を持ってきて乱暴にそれらを入れていく。

（いったい、何が起きたんだろう？）

『――北側の窓に洗濯物を干さないで』

あの不動産屋の言葉が脳裏を過《よ》ぎる。

（それがいけなかったのか？　でも、なぜ？）

そして、台所のシンクで順番に絞っていき、もう一度西側の窓辺の竿にぶら下げて夜干しをすることにしたのだという。


何日か過ぎ、Ａさんは再び買い物から帰ったときに、ふと先日のことを思い出して屋根を見上げた。

すると、自分の部屋の上、ちょうどこの前人影を見たあたりに真っ白い霧のようなものが、目に入った。

それが、北側の窓に掛かるようにして棚引いている。

不思議に思い、もっとよく見ようと近づくと、ふっと消えてしまったそうだ。

(西側には霧なんて出てなかったな)

部屋に戻ってすぐ、北側の窓に近づくと、汗ばむ陽気にもかかわらず外側が結露していた。

(内側ならまだ理解できるが……? いや、それでもおかしいか……)

異常なことには変わりない。

(この部屋には、何かあるのだろうか?)

生活する分には、何も変なことは起きていない。

瑕疵《かし》物件に住んだ者がよくいうような『夜中、枕元に誰かが立つ』ことはないのだ。

しかし、何かがおかしい。


翌日。

Aさんが、仕事を終えて帰ってくると、アパートから出てくる男がいた。

（他の住人を見るのはこれが初めてだな）

軽く会釈をしてすれ違おうとした。

「こんにちは。最近、入ってこられた方ですよね？」

敵意のない笑顔で話しかけられた。

そこで意識した。見ると、その男性は上下濃紺のジャージ、片手にコンビニ袋を持って、サンダル履き。寝癖がひと目でわかるくらいぐちゃぐちゃとした髪形だ。

「ええ、そうです。ちょっと前からこちらに厄介になってます」

こちらは愛想笑いもいいところ、頭を軽く掻きながらぺこぺことお辞儀をする。

男性は住んで半年、車通勤で仕事をしている単身赴任のサラリーマンだという。

「おひとりでこちらに、ですか。大変そうですね」

「いいえ、それがね……」

「……そうですか。で、大丈夫ですか？」

「と、いうと？」

しばらく話し込んだ後、男性は少し声のトーンを落として尋ねてきた。

「あの部屋、ですよ。あの部屋。何かありませんか？」

いったいどういうことかと訊き返す。

「もう何年も前の話らしいんですけどね……」

その男性が教えてくれたのは、十年以上前にAさんが住んでいる部屋で、老婆が亡くなった話だった。

いわゆる『ごみ屋敷』ならぬ『ごみ部屋』にひとり、老婆が住んでいた。

ずいぶんと前からの住人で天涯孤独、身寄りがなかった。それでも、人当たりがよく、外で遊ぶ子供におやつをあげる、気の良いお婆さんだった。

ただ、早朝の読経を欠かさないため、少し住人の間で問題になったことがあった。

あるとき、アパートの住人が「なぜお経を？」と訊くと、事故で亡くした息子夫婦の位牌にあげている、供養だという。それ以来、誰も彼女を咎める者はいなくなったそうだ。

しかし、痴呆症になり、部屋にごみが溜まるようになっていった。

頭痛の原因になる悪臭や駆除しきれない害虫、それに廊下などの共有スペースにも何を入れたかわからない袋が散乱していった。

だが、ある日突然、その部屋が誰も住んでいないようなくらい綺麗になったのだという。

ビニール袋はなくなり、臭いは消え、虫もどこかへ行ってしまった。驚いた住人が西側の窓から中を見上げると、汚れていた床や壁は白く輝きを取り戻していた。

しばらくして、悲鳴が上がった。

それは、北側の窓の鉄柵に、だらりと力なく、腰からお辞儀をするようにくの字型に折れた老婆の死体を見つけた者の叫び声だった。

たしかに、部屋そのものが綺麗になったのは不思議なことだったが、発見された老婆の死体が、今まさに洗濯機から取り出したような濡れた状態だったことが、なおさら不思議だった。

それ以来、Aさんの部屋に住む住人には必ず『北側に衣類は絶対に干すな』と注意事項が伝えられるのだという。

なぜなら、かならず洗濯物がずぶ濡れになるからだ。

Aさんは、その話を聞くと、男性にお礼をいって部屋に戻った。


「洗濯の条件さえ守れば、まあまあ快適です。ただ、あの日見た、屋根の上の人影ってたぶん老婆なのだと思います。でも、なぜそんな変死体だったのか、誰に訊いてもわかりませんでした」
名古屋よりは快適だが、Aさんは新しい引っ越し先を探しているのだそうだ。

二十六　雪

（宮城県　仙台市）

【音】セツ
【訓】ゆき
【意味】ゆき。空から落ちてくるゆき。

Uさんは、今から四年前に奇妙な体験をしたことがあるそうだ。

親の仕事の都合で、仙台市の泉区に引っ越してきたのは十六歳のときだった。

両親と、下に二人。

妹は小学校六年生、卒業してから宮城県に来る予定で、当時は祖父母の家に預けられていた。修学旅行は長く慣れ親しんだ同級生たちの方が良い。思い出作りも大切だということで、転校を先延ばしにしたのだ。しかも、仙台市の学校で修学先が元々住んでいた東京都内だったら目も当てられない。そもそも、初対面に等しい同級生と寝泊まりするというのも、ぞっとしないだろう。『第三話　霧』でも似たような境遇の方の話を紹介したが、意外とよくある話なのかも知れない。

弟は小学校二年生で両親やUさんと一緒に越した。友達たちと別れたくないと当時はものすごく愚図ったものだった。だが、現金なもので、家の下見に連れていったとき食べた仙台牛にころりと意見を変えた。

住居に決めたのは、一軒家だった。ごくごく普通の近代的な二階建て、一階には両親の寝室やリビング、二階にはUさんを含め子どもたちの部屋があった。小さいながらも、東京では望めない庭も付いていて、のびのびと生活するには十分だった。

五人家族だ。マンションを借りるよりも貸家をというのが全員の考えだったそうだ。家は、いわゆる住宅街に建っていて、少し歩けば地下鉄南北線の始発駅を利用することができた。駅周辺には、スタジアムがあり人の往来も盛んだ。かと思えば、広大な公園が存在していて、自然に触れる質の良い散歩もできた。また、駅前にはいくつかショッピングモールが並んでいて、買い物にも不自由がなく、大成功の転居だといえた。

冬休みが終わった頃のことだ。

仙台市が大雪に見舞われた。

二十センチを超える降雪を記録し、交通機関が乱れる大荒れの天気だったそうだ。仙台管区気象台は暴風雪などに警戒するよう呼びかけていたという。

この日、Uさんは学校から帰ると弟の相手をしていた。

東京都内では滅多にお目にかかれない量の雪に大興奮だった弟が、外で雪遊びをするというのだ。自宅の庭とはいえ、滑りやすく危険なことには変わらないということで、誰かが見ている必要があると母親の判断で、長女であるUさんが彼を監視することになった。母は夕飯の買出しに行くということでUさんに白羽の矢が立ったのだった。

一階のリビングで掃き出しの大窓を開けると、庭がある。越してきたばかりで、洗濯を干す物干し台くらいしかない。遊ぶには最適な環境だった。

彼女は弟と雪合戦をしたり、かまくらを作ってみたりと、薄く汗をかくくらいはしゃいでいた。Uさんにとっても、大雪だったのだ。

しばらく遊ぶと、弟が今度は雪だるまを作りたいといい出した。

まず作ったのは胴体だ。十分もすると、庭の片隅に股下サイズの球体が出来上がった。

この上にバスケットボール大の頭部を載せれば完成だ。

二人は、また仲良く雪玉をころころと転がして、目標の大きさを目指した。

今度は、十分も経たずに丸い丸い玉が姉弟の前に形を成した。満足のいく球である。

それを先に作った胴体部に協力して置く。

「あ！　いけない。これじゃまだ駄目だよ」

弟が雪だるまを指差して、手と顔が足りないというのだ。

なるほど。腕や目鼻口がない。より完成度を高めるならば必要だろう。おそらく、弟は帰ってきた母や父に見せて自慢するつもりだ。

腕は簡単だった。台所から菜箸を持ってきて、Uさんのお古手袋を片方にかぶせて胴体に刺せば両腕の出来上がりだ。ついでに使わなくなった帽子も忘れない。

鼻と口は、弟の部屋にあった棒状の磁石を埋めてみた。半分が赤色、残りが黒色でちょっと風変わりな印象になったが、許容の範囲だ。

ここで、困ったのが目だった。

「磁石で良いんじゃない？」

「ううん、なんか丸いものがほしいな。輪ゴムとか無理かな？」

「それだと、細すぎるでしょ」

「磁石だと、ほら」

弟が、鼻と目をいったん外して目があるはずの場所に試しに埋めて、指差す。

「なんか目をつぶっているように見えるからいやだよ」

たしかに、そう見えなくもない。ではどうするかと、二人で考えた。

「あ、そうだ！」

言うが早いか、弟は窓からリビングに帰っていってしまった。

しばらくして、両手に野球で使うボールのような大きさの球を一個持って戻ってきた。

「なにそれ？」

「ガチャガチャの空になったやつだよ。捨てないで取っておいたんだ」

いいながら、かぱっと二つに割って、半分を右目の部分にぎゅうっと埋め込む。

なるほど。これならば、眼球に見えなくもない。少し不気味だが、本人が納得してやっているのだから、これ以上口を挟むのは野暮というものだ。

次に左目を入れる。そのときだった。

――じわぁ……


「え？」

「きゃあ！」

目になるはずの半球を、弟が親指でぐっと押し込んだ。

その瞬間、そこから赤い液体が染み出てきたのだ。

それは、人を模した雪だるまだからだろうか、どう見ても血としか思えなかった。

「ちょっと、離れなさい！」

雪だまを転がしているときに、何か動物の屍骸《しがい》でも気が付かずに巻き込んだのか。

いや、それならばどこかで気づいているはずだ。

あまりの気味悪さで、咄嗟に弟を怒鳴りつけた。

「ご……ごめんなさい」

弟は、何も悪いことなどしていないのに、動転したのか謝りながらUさんの背後、腰の辺りにしがみついて雪だるまから隠れた。

そうしている間にも、赤い液体はじわりじわりと染みを広げていっている。

（どうしよう……お母さんが帰ってくるのを待とうかな。それとも……）

「ねぇ、お姉ちゃん、どうする？」

弟がこちらを見上げてくる。すでに、いつ泣いてもおかしくない。

母は、あと三十分は帰ってこないだろう。ならば…………。

Uさんは、意を決して雪だるまの頭部に手を伸ばした。

お気に入りの手袋をしているとはいえ、氷の冷たさが肌に直接伝わってくる。

そのまま、どんっと頭を突き落とした。

すると、頭の役目をしていた球体がぐしゃっと音を立てて、地面に崩れた。


――ぶしゅっ！


瞬間、赤い水が噴出した。同時に鼻腔を突く鉄のような臭い。雨の日の鉄棒を直接嗅がされていると錯覚してしまう。それは明らかに血の匂いだった。

雪の白さのせいでわからなかったが、広がっていく『それ』は赤くない。赤黒いのだ。

出血したばかりなのか、湯気が立ち上がり、余計に不気味だった。

「わっ!」

「ちょ、ちょっと! 家の中に戻りなさい!」

慌てたUさんは、逆に興味が出てまだよく見ようとする弟の腕を引き摺って、リビングに戻ったそうだ。

その後、帰宅した母に報告するとやはり気味悪がられて、父の帰りを待つことになった。

父の帰りは、それから二時間経ったときだ。

玄関で靴を脱ごうとしている父親を、母と三人で捲し立てるように夕方あったことを話した。

「えー？　それ本当か？　みんなで俺を騙そうとしてるんじゃないか？」

訝《いぶか》しがる父であったが、Uさんの真剣な表情にだんだんと真面目に聞いてくれるようになった。

「じゃあ、庭にまだそれがあるんだな？」

確かめてみようということになった。

昼間同様に、掃き出しの窓から父が庭へと降りる。

リビングの明かりで照らされた雪だるまだったものは、あんなことがあったということを知らなくても、どこか暗闇で会うピエロのような怖さがあった。

「これかぁ……？」

父が、膝を曲げて頭が崩れ落ちた手前にしゃがみこんだ。

「んー……？　血なんか、どこにもないぞ？」

リビングで固唾を呑んで見守っている三人からは、父の背中が邪魔して確認ができない。

「そんなはずないよ！　お姉ちゃんと一緒に見たんだから！」

隣に立っている弟が大きな声で、父に呼びかける。

「そんなこといってもなぁ。ないものは、ないんだよ。……あれ？　これ、なんだ？」

つまむような仕草で父が何かを持ち上げた。


――人形だった。

『フランス人形』。

それがUさんの第一印象だったそうだ。

「え？　何それ？　そんなのなかったよ」

「ずいぶん綺麗な人形だな。家にあったっけ？　Uのものか？」

「ううん、そんなの買った覚えも、買ってもらったこともないよ」

父が窓際に戻ってきて、親指と人差し指ではさんだ『それ』を見せてくれた。

金髪にロールした髪型、赤ちゃんを連想させるぷっくりとした頰と少し笑った口元。手足も、ぷにぷにとしていて本当に赤子のようだ。フリルが付いたワンピースを着せられていて、どこからどう見ても海外の人形のようだった。

——ただ。

雪にまみれ、地面に落ち、血溜まりの中にあったはずなのに、今さっき店頭で購入したと間違えてもおかしくないくらい綺麗で汚れひとつ付いていなかったという。

「結局、捨てました。厭じゃないですか、いくら可愛いお人形さんでも、どこから来たのかわからないんですよ。部屋に飾ったら、真夜中に動き出しそうだし」

そのあと、父に頼んで胴体も粉々に砕いてもらったそうだ。
あの血は何だったのか、そして人形がなぜ現れたのか。
それは、今でもわからないままだとUさんはいっていた。

二十七　汁

（XX県　場所は伏す）

【音】ジュウ
【訓】しる
【意味】つゆ。吸い物。物質からしみでる液。吸い物。

昭和五十五年の話だというから、今から四十年も前のことだ。

Yさんは、ある大企業に勤めていた。

すでに結婚をしていて、妻は専業主婦で小学生の子どもが三人いたそうだ。

今でいう『ホワイト企業』で、福利厚生もしっかりしていて、給料も良い。残業も少なく、通勤時間も短い。今と違い、週休二日制ではなかったが、日曜日に出勤するようなことはなく、家族サービスにも力を入れることができた。

しかし、そんなYさんには、ひとつ悩みがあった。

社宅だ。

会社が用意してくれている、社員用の団地のことだ。

彼の住んでいた社宅は、全部で三棟。一棟あたり、約百世帯が入居していたのだという。

そこには、一種独特な文化……というか習慣があった。

昼間、夫たちは仕事に出ている。昭和五十年代当時、ほとんどが専業主婦だったその団地では、奥さんたちのヒエラルキーが存在していた。それは、自分の夫がどのポジションかということで、力関係が決まったのだそうだ。

Yさんは、当時主任――平、主任、係長、課長の順――になったばかりだった。

そして、頭痛の種というのが同じ階に住む部長家族だった。

Yさんが仕事から帰ると、かならず妻から部長の奥さんの愚痴を聞かされるのだ。やれ「今日は子どもの成績自慢をされたが家の子より悪かった。それでもお世辞を言わなければいけなかった」とか、「化粧品の価格を訊かれて答えたら、もっと安いのがお似合いじゃない?」と貶されたとか、毎日何かしら寝る前までに八つ当たりされるのだ。

家賃はほとんど無料に近い値段だ。会社が負担してくれているのだから、もう少し人間関係は我慢してほしい、と拝み倒すのが日常になっていた。

そんなある日のこと。Ｙさん家族は部長から、彼の故郷で芋煮会をしないかと誘われたのだそうだ。もちろん、拒否権などない。答えは『はい』だった。

土曜日は、半ドンといって午前中だけ仕事をして帰るのだ。午後から自家用車で部長が指定した宿を目指した。最初、子どもたちは後部座席ではしゃいでいたが、いつの間にか寝息を立てている。妻も、関東を出るくらいまでは気乗りしないと愚図っていたが、船を漕ぐようになってしまっていた。途中、何度もＳＡで休憩を繰り返し眠気を覚まして、事故だけは起こさないように気をつける。ようやく辿り着いたのは、二十一時。そこは、農家といっても良いような佇まいの日本旅館だった。

門の奥には、すでに三台の自動車が停められている。中の一台は部長家のものだ。社宅の駐車場で見知っている。あとの二台も、見慣れた乗用車だ。

（今回の被害者は三家族か……）

これからのことが思いやられ、自然と溜め息が出る。助手席の妻も同様に大きな溜め息をついた。考えていることは、きっと同じなのだろう。何が悲しくて休日まで接待の真似事をしなければならないのか。喜んでいるのは、子どもたちだけだった。

「Yさんもでしたか」

通された客間で出迎えてくれたのは、KさんとHさんだった。彼らは、別の課の主任で面識はある。同じ部署ということで誘われたのだという。女性陣や子どもたちは、別の部屋に通されている。

すでに布団が並べられ、ちゃぶ台は奥に立て掛けられている。四人分の寝るスペースが寝具で隠れたとしても、まだ何畳も余るくらいに部屋は広い。窓の近くからKさん、Hさん、部長、そして入り口に一番近いところに自分が横になる布団が敷かれている。

「部長はもう酔っ払って風呂に行きましたよ。軽く汗を流したら戻ってくるって」

そのまま帰らぬ人にでもなってくれないか、と正直思ったそうだ。

「我々は部長よりも先に着いたので、食事も入浴も済ませましたよ。あいつが帰ってくる前には寝てしまうつもりです」

それが正解だろう。長時間の運転で疲労困憊なところに、深夜まで自慢話の相手をさせられるのは我慢ならない。二人は「それじゃ」と布団に潜り込むとすぐにいびきをかいて寝てしまった。

Yさんは部長とうまく入れ違いで風呂に入ることに成功したそうだ。そして、しばらくしてから部屋に戻った。

同僚二人は寝入っている。部長もすでに夢の中だった。

（とりあえず寝るか。明日はもっと疲れることになるだろうな……）

そう思いながら、入って一番手前の布団に入ると目を閉じた。

――しかし。

眠れない。まったく意識が深く消えていく感じがしない。

理由は明らかだった。

他の三人のいびきがうるさいのだ。しかも三者三様、音がまったく違う。耳に聞こえてくるだけで、ストレスになるといっても過言ではない。

Yさんは、うんざりして部屋を出ることにした。

旅館の入り口に長い椅子があったはずだ。頼めばそこで眠らせてくれるかも知れない。

常夜灯の下、Yさんは立ち上がって部屋の襖に手をかけようとした。

(……ん?)

その瞬間、目の端で何かが動いた。薄暗い中、気のせいかとも思った。だが、掛け軸が飾られている板の間に目を凝らすと、たしかに黒く小さいものが、かさかさと移動していることに気づいた。

(あれはなんだ? ゴキブリか? いや、それにしては幅があるな……あっ!)

思わず声が出そうになった。それは、男性の掌大の蜘蛛《くも》だった。

そこかしこに虫がいてもおかしくないような田舎の旅館だ。蜘蛛くらい出るだろう。しかし、Yさんが今まで見たことのあるどの蜘蛛よりもそれは大きかった。

認識した瞬間、ざあっと全身に冷や汗が吹き出たそうだ。

あの誰からも嫌われる黒光りした昆虫よりも、この節足動物が気持ち悪いと感じた。どこから入ったのだろう? そして、他の連中を起こさずにどうしたら良いのかと悩む。

その間も、『そいつ』は畳の上を這っていく。

(うわっ!)

遅かった。考えているうちに、それは部長の額の上に乗ってしまった。もう起こさないわけにはいかない。意を決して『部長！』と叫ぼうとしたそのときだ。

——すっ……

八本足のそれが、声をかけて起こそうとした相手の口の中に入ってしまった。

「部長っ！」

反射的に怒鳴った。だが、酔いで疲れているのか、まったく起きる気配はない。

だが、Ｙさんの声で、一斉にいびきが止まった。

静まり返ったのが悪かった。

——ぶしゅ……ぐちゃぐちゃ……

それは、小太りしたおやじからした。

一瞬で理解したこの上ない不快な音。薄い膜で覆われた水風船が小さく破裂する響き。

そして、その中から粘度の高い何かが溢れ出てくるのが、手に取るようにわかった。

噛んでいる。咀嚼《そしゃく》しているのだ。蜘蛛を。

あの、長く不規則に曲がる手足、はらわたが敷き詰まった胴体、そして何を写しているのか怪しく光る複眼。それらを睡眠中とはいえ、味わってしまっているのだ。

Yさんは、もう声が出せなかった。起こしたところで、パニックになるのは目に見えている。最悪、体調を崩したこいつの看病を一日中させられてしまうかもしれない。

血の気が失せた青白い顔で、もう一度襖に手をかけると、Yさんは静かに部屋から出て行った。


安心したのは翌朝のことだった。

部屋をあとにしてから、受付で理由を話すと係員用の空き部屋に通された。

そのまま朝までぐっすりだった。

昨日チェックインしたときに聞いていた朝食会場にいくと、元気な四家族がわいわいと食事を楽しんでいた。

「あれ？　Yくん！　捜したんだよ。起きたら君がいないじゃないか」

「すみません。先に起きて散歩してました」

従業員にはすでに口止めはしてあった。適当な言い訳をしながら、席に着くと自分もご飯を食べ始めた。

「Yさん、本当はどこにいってたんですか?」

食事が終わり、トイレに立つと二人が後ろから付いてきた。

「いやぁ、実はさ……」

と、昨晩のことを包み隠さずに話して聞かせた。

「いびき……ですか。それは申し訳なかったです。けっこう疲れてましたからね、僕もこいつも。逆に部屋を出て正解でしたね。でも、その蜘蛛のくだりって本当ですか? 寝るときにはそんなのいなかったし、一番早く着いたこいつだってそんなこと一言もなかったですよ。まぁ、部長も元気そうだし、黙っていた方が良いでしょうね」

その意見には、Yさんも賛成だった。

無かったことにすれば、全員が幸せだ。知らぬが仏、ということもある。

「暗かったからね。もしかしたら、見間違いかもしれないし」

彼らは笑いながら廊下を歩いていった。

午後、全員で旅館から二十分歩いた河川敷にやってきた。目的は、もちろん芋煮だ。

作り方はざっくりとだが、以下のような流れだそうだ。

食材を下ごしらえして、皿に集める。次に、ブロックで炭を囲み火をつける。その上に具材を入れた鍋を載せ、煮れば完成である。

三世帯が忙しなく準備や調理に手を動かしている中、部長はただただビールを飲むばかり。奥様はというと、見当違いな指示を偉そうに出すだけで、得意顔になっている。

予想通り、この日のストレスは仕事の比ではなかった。

「あー、そうじゃない！　君たちは煮物も満足に作れんのかね！　ほれ、こういう感じで手際良くだな。ちゃんと覚えて帰るんだぞ。向こうでも開催するからね」

ほろ酔いの小太りが近寄ってきて、強引におたまをひったくった。

「これをな……、こうして、そのあとこうで……で、次に味噌を……あれ？　どこだ？」

――ぽちゃ
（あれ？　今、部長の口から糸くずのようなものが中に落ちたな）

「あのすみません、ちょっと」

Yさんは横から顔を出して、別のおたまでそれをすくい上げた。

（えっ？）

それは、黒く爪楊枝くらいの太さ、長さもそれくらいの……。

蜘蛛の足だった。

味付けをする前、まだ調味料で色が付いてない汁の中に、たしかにそれはあった。

「Yくん！　人がせっかく教えてやっているのに、その態度はないだろう？」

気分良く高説垂れていたところを害されて憤慨し、酔いも手伝ってYさんを怒鳴りつけてきたそうだ。

「いえ、断じてそのようなことではなくてですね……これを見てくださいよ」

匙を部長の目の前にぐいっと差し出した。

「うん？　これがなんだね？」

虫の一部が入ってませんか、といおうとして言葉に詰まった。

たしかに見た『それ』はどこにもなかったのだ。

「あ……あれ？　すみません、何でもないです」

「いったい何がしたいのだね、君は？」

そのあとも、食事が始まるまでの間、Yさんは部長から罵られ続けたそうだ。

芋煮の鍋が出来上がり、皆が折り畳み椅子を出し車座に並んだ。大人たちは酒を飲みながら、子どもたちはもちろんジュースを片手に、わいわいと楽しんでいる。

Yさんは、我が子たちの喜ぶ顔を見て、少しくらいは来て良かったのかもしれないと思い直したそうだ。だが、家族や他の同僚家族の前で、意味のない叱責をされたときは、さすがに手が出そうになった。

各家族たちが、和気藹々《わきあいあい》と食事を楽しんでいた。

――そのとき。

「うわっ、なんだこれは⁉」

全員が一斉に声のした方を向いた。

そこに居たのは、部長だ。

左手に持った茶碗を凝視して、なにやら怯えている。

「あなた、どうしたの？」

隣に座る奥様が心配そうに問いかける。

「これっ！　汁の中に、小さい蜘蛛が入ってたんだよ。まだ、中にいるぞ！」

自分の妻にお椀を見せて、箸を握りながら中を指差した。

「えぇ……と………どこ？」

「いや、だからここ……に……あれ？」

それは、何の変哲もない普通の芋煮だった。具材が大きく切られ、ごろりとした里芋やこんにゃくが水面から顔をのぞかせている。

「おかしいな。たしかに、居たんだ。一円玉くらいの大きさの黒いやつが」

箸で何度も中身をかき回しながら、捜す素振りをするが問題の異物は見つからなかった。

皆は、彼が酒の飲みすぎで、葱《ねぎ》か何かをそう思い込んだのだろうと考えた。

Yさんと同僚二人は、職場での彼の振る舞いを思い浮かべ、変なことをいって注目してもらいたかったのだろう、話の中心になりたかったのだろう、と呆れていた。

白けた空気が漂って、皆がどうしたものやらと冷たい視線を送っていた。

また、突然。

「Yくん！　君の芋煮の中に今、蜘蛛が入っていったぞ！　あっ！　奥さんのところにも！　ほら、お子さんのも今入ったぞ！　どうなっているんだ、ここは！」

今度は、正面に座っているYさん家族を順番に指差して怒鳴りだしたのだ。その顔は、目立ちたがり屋のものではなく、焦りの色が濃く出ていた。

「部長！　変なことをいわないでください。そんなものどこにもいませんよ。　ほら、お前たちも部長に見せてみて」

Yさんは、妻や子どもたちに自分の茶碗を見せるように促した。

「本当……だ。いないな。いや、でも、君たちの肩から腕に這うよう伝って」

といったところで、部長が細い目を見開いた。

「う……、おぇ…………うげえぇぇぇ！」

嘔吐《おうと》だ。大量の酒と煮汁を足元にぶち撒けた。

（おいおい、こんな場で吐くとかまともな大人のやることじゃないな）

「大丈夫ですか？　部長？」

フォローのために駆け寄ったが、今度はYさんが大声を出す番だった。

「うわっ！　なんだこれ？」

彼の目に飛び込んできたのは、当然吐瀉物《としゃぶつ》だった。

ほぼ丸呑みだったのか、あまり咀嚼されていない原型を留めた芋や葱、こんにゃくが地面に散らばっている。ビールもかなり飲んだのだろう、大きな水溜まりができてしまっているが、家族でさえ顔を顰《しか》めたくなる異臭が鼻をつんと刺激した。

それは、一度でも繁華街の飲み屋で朝まで飲めば、帰り道に厭でも見てしまうものだ。

だが、今回は違った。

その液体にまぎれて、無数の子蜘蛛が蠢《うごめ》いていたのだ。

自分も酔っているのだろうか。いやいや、まさか缶ビール一本で前後不覚になるなんてことはありえない。では、これはいったい何なのか。

その汚物を見ている他の人間の表情を見る。

汚いものを見せられているというものではなかった。何か得体のしれない気味悪いものを見てしまったという恐怖が、皆一様に顔から滲み出ていた。

「お父さん！　大丈夫？」

次に声を上げたのは、部長の娘さんだった。

それが合図になったのか、皆が動き出した。

「俺、救急車呼んできます」

同僚のひとりが、旅館に走っていった。

「と、とりあえず横になってもらいましょう。レジャーシートを敷きますから」

別の同僚の奥さんが、かばんから青いビニールを取り出した。

全員が、その場でできることをし始めたのだ。

だが、子どもたちは大人たちの慌ただしさに当てられたのか、怯えきってしまってわんわんと号泣するしかなかったという。

（ん？　蜘蛛が……？）

蜂の巣を突ついたような騒がしさの中、Yさんだけが気が付いたのだそうだ。

吐き出された汚水の上を這っていた黒い粒は、地面に染み込むように消えてしまった。

結局、救急車が到着するまで、その混乱は続いたのだという。

その後、急性一過性精神病性障害と診断され、二週間で退院した部長は、一時的に仕事に復帰したものの、業務中でも来客中でも、突然蜘蛛がいると騒ぎ出し、まともに日常生活を送れなくなってしまっていたのだそうだ。

しかし、それ以外のときは、普通に会話もできるし、部下が提出した書類の不備も指摘するなど、まともな一面もしっかりあった。

それ故か、真夜中にリビングで首を吊っているところが発見され、会社で話題になったときには「まともな精神状態のときに悲観してしまったのだろう」という見方がほとんどだった。


だが、Yさんだけはそうではないと思っていた。

「たぶん、なんですけどね。部長の部屋にも蜘蛛ってぞろぞろと出ていたんじゃないかと思うんですよ。あれは、食べてしまった呪い……なのかもと。起きているときも寝ているときも、あの黒い節足動物が現れているとしたら、生きることから逃げても不思議じゃないでしょう？」

社員は亡くなってしまったが、会社は部長家族が社宅に残ることは許可したそうだ。

だが、もう近所に威張り散らせなくなった奥さんは、いつの間にか引っ越していってしまった。

以来、Yさんを含め、あの場にいた全員は、屋外で食事をするようなことを避けるようになってしまったそうだ。

二十八　汀

（青森県　西津軽郡）

【音】テイ
【訓】なぎさ　みぎわ
【意味】きし。波うちぎわ。水ぎわの平らな土地。

鰺ヶ沢という町は津軽藩発祥の地で、当時西周り航路の重要な湊という位置付けだったそうだ。それ故か、指定文化財はゆうに五十を超える。

また、力士を輩出していることでも知られ、陸奥ノ里や誉富士、埒見などが挙げられるが、最も有名なのは、最高位小結の舞の海だろう。

そんな町で怖い体験をしたことがあると語ってくれたのは、二十代後半の男性だ。

取材に応じる条件として、『名前はイニシャルでも禁止、自分が特定できないようにすること』と強く禁じられた。

調べてみると、現在の人口は一万人を下回るくらいだった。町の出身者である男性ならば、すぐに誰かわかってしまうのだろう。

そのことに了承し、次のような話を聞かせてもらえた。

二年前のことだというから、それなりに最近のことだ。

彼は、高校を卒業した年、関東のある企業に就職した。

実家は長男が継ぐということで、生活の場を移したということだった。

だが、家族と喧嘩別れしたわけではないので、少し遅く取得した一週間の夏休みを利用して里帰りしていた。

「夏季休暇ねぇ……？」

五能線鰺ヶ沢駅を降りると、出迎えてくれたのは、学生時代の友人だった。

事前に帰郷するから遊ばないかと連絡をしておいた。

「十一月の初旬に『夏季』ってどんな会社だよ、まったく。今日の最高気温、知ってるか？　ほれ、これ見てみ？」

差し出されたスマートフォンの画面を見ると、天気予報が表示されている。

『最高気温十一度、最低気温四度』。

「関東じゃこれを夏というんだな」

友のいうことは、もっともだ。通常であれば、七月から八月の間に休みをもらえるはずだ。しかし、新人にとって上司や先輩たちより早く休ませてくれとは、どうしてもいい出せなかった。

「そうか。東京は面倒なところなんだな」

謝りながら言い訳を聞いてくれた友達に感謝しつつ、彼の運転してきた車に乗り込んだ。

この日は、実家まで送ってもらい、翌日遊ぶ約束をして別れたそうだ。


昨日の約束通り、昼過ぎに迎えにきた友人とドライブに出掛けた。

駅前を通過して県道２６３号を走り中村川を渡る。

「この辺、変わらないなぁ」

「お前が引っ越して、まだ半年しか経ってないぞ。いきなり変わるもんか」

談笑しながら、目指したのは『鰺ヶ沢海水浴場』だった。

海開きがあったのは、四ヶ月も前の話。今は、完全なオフシーズンである。

あれだけ人に溢れていた海岸が、人っ子一人いなくなるのだ。

毎日人混みの中で生活してきた男性にとって、人気《ひとけ》のないところに行ってみたいという願望が生まれるのは当然のことだっただろう。

「そんなに人口密度高いんかね？」

「動画配信サイトでよく見てたけど、実際に目の当たりにするとね。ちょっと異常というか、現実味がないというか」

友人は、男性の話を聞きながら、それでも信じられないという顔をしていた。


目的地についたのは、午後一時をかなり回った頃だ。

車から降りて、歩道からガードレールを越える。

友人は、近くの駐車場に車を停めてくるというので、ひとり石段を上がる。

芝生を渡ると、砂浜が現れ、見晴らせば晩秋の日本海が視界一面に飛び込んできた。

「ふう……」

仕事疲れからか、それとも短い間ながらも不在にしていた懐かしさからか、肺の奥底から搾り出すような深くとも浅くとももとれる溜め息が漏れた。

凪は穏やかで、遠くに揺れる波はほぼ無いといっていいくらい低い。

波打ち際に目を移せば、本当に自分以外は誰も居らず、失礼ながらにもこれから来るであろう友達には少しゆっくり来てもらって、独りの時間を楽しみたいという考えに沈んだ。

ふと、あることをしたくなった。

海辺に近づき、靴と靴下を脱ぐ。

「……つめてっ！」

なぜ足音を立てないように海に入ったかはわからない。ただただ、中学生時代を思い出して、膝下まで海水に浸かりたくなったのだ。

水面が波の寄せ引きで上下する。水に触れていた肌が空気にさらされると、余計に冷たく感じるが、それがなぜか心地よかった。

——と。

（ん？）

自分のすぐ傍に何か浮かんでいることに気が付いた。

直径十五センチくらいで丸く透明、そして泳いでいるというよりも意思なく漂っているという印象を受ける。腔腸《こうちょう》動物のように思えるそれは、くらげ……に見えた。

ミズクラゲだろうか。いや、男性の知っているそれとは明らかに大きさが違う。

しかも、今がお盆過ぎから九月くらいまでというなら、理解できる。しかし、十一月にこれだけ大量のくらげが出るなどとは、見たことも聞いたこともない。

男性を取り囲むように、何十・何百という球体が浮かんでいたそうだ。

——逃げなければ。

刺激しないように、入水《にゅうすい》したときと同じような速度で海から上がろうとした。

「うわっ！」

しかし、いったい何がいけなかったのか、足を滑らせて転んでしまった。

男性はすでにパニックに陥っていた。浅いはずなのに、水面が上にあるのか下にあるのかわからない。呼吸ができず、溺れるのが早いか刺されるのが早いかと思った瞬間。

——ビシッ
「ぎゃあっ！」

刺された！　しかし、男性は幸運だったといって良いだろう。皮肉にも、その一刺しが彼を冷静にさせたのだ。

素早く立ち上がり、砂浜へ一心不乱に走ったという。

「おい！　大丈夫か？」

そこで、後から来た友人が倒れそうになった男性の肩を掴んで助けてくれたのだ。

「いや、それが……」

背中、ちょうど心臓の真裏あたりに疼く鋭い痛みを堪えながら、今起きたことを話す。

「ええ？　この時期、そんなたくさん現れるか？　信じないわけじゃないが、見せてみろ」

友人が後ろにまわり、上着を捲って背中をたしかめると、そこには赤く一円玉大の水ぶくれができていた。

「これ、くらげ……か？」

通常、クラゲ刺傷という場合、局所に線状の発赤やむくみが生じるものだ。

しかし今回のは赤くはあるが、ただ丸い水疱があるばかり。

「たぶ……ん。よくは見えなかったけど」

「お前、高校のときも刺されたことあったよな？　だとするとまずいかもな」

男性は友人の台詞を理解した。アナフィラキシーショックを心配しているのだ。

すぐに友人のスマホで救急車を呼ぶと、近くの病院に搬送されたという。


連れてこられたのは内科だった。

休日のこの日、開いていて診てくれる医者というのがそこしかなかったからだ。

本来なら、皮膚科なのかも知れない。学生時代に刺されたときは、たしかそうだった。

しかし、やっていないというなら仕方がない。

男性は、固く長いベッドにうつ伏せに寝かされていた。

「で、くらげに刺されたって？」

医師が診察室に入ってきた。

「はい、こいつがいうにはそうらしいです」

「らしい？」

「刺された瞬間を見たわけではないので」

「まぁいいでしょう。とにかく患部を確認してみないことにはね」

医者が男性の上着をめくる。

すると、そこにいた全員が息を呑んだことがわかったという。

「ねぇ、これいったい何にやられたんだい？」

男性の背中には、子どもの掌の形に赤く発疹が出ていた。

その後、医者は何もいわず、軟膏《なんこう》を処方するだけで、その場から帰されたそうだ。


「自分が調べてみた範囲では、そこで子どもが亡くなった水難事故はありませんでした。でも、あのときたしかに『このくらいの大きさ』のものがたくさん浮かんでいたんです。それでインターネットで検索してみたのですが、その大きさってくらげというよりも子どもの頭……だったんじゃないかって」

男性は、今年も里帰りはするが海には入らないつもりだということだ。

二十九　消

（岩手県　盛岡市）

【音】ショウ
【訓】き―える　け―す
【意味】なくなる。ついやす。水が細くなっていき見えなくなるさま。

二十代の男性Lさんは去年、盛岡駅前のあるビルで警備員をしていた。

昼間よりも夜勤に回されることが多く、不規則な生活だったそうだ。

昼間は従業員と客のトラブルが多く、対して深夜には基本何も起きないので、楽といえば楽、大変といえば大変という一長一短の仕事だった。

ある日のこと、夜勤を任されたLさんは警備員室に相棒を待機させて、真夜中の見回りに出発した。懐中電灯を片手に、そして各部屋に入るための鍵束を腰にぶら下げて。

一階から決められた順番で巡回する。事務室、給湯室、空調機械室……。

中でも彼が最も苦手だったのは、トイレだった。

各フロアに同じ間取りと同じデザインで用意されたそれは、陽が落ちて誰もいなくなると、どうにも不気味に思えてならない。

高層階まで確認して回ると、トレイは計十一箇所ある。それをひとつひとつ警備のために異常はないかチェックするのだ。


それは三階の女性用トイレを確認したときだった。

入り口でノックをして中へ声をかける。二十五時を回っているとはいえ、もしかしたら人がいるかも知れない。居た場合、無言で入るのはトラブルになる。

「巡回でーす。どなたかいらっしゃいますかー?」

――……。

返事はない。いつものことだ。ルールとはいえ、誰もいない空間に話しかけるというのはなんとなく間抜けな気持ちになる。

Lさんがそのまま入ると、トイレの中は一瞬で明るくなった。

人感センサーライト、というやつだ。

センサーが人の動きを察知して自動で照明を点灯させる。よくできた仕組みだ。

しかし、その瞬間。Lさんが息を呑んだ。

目の前に並んだ内開きのドアが四つすべて閉じていたからだ。

ここは、鍵を掛けなければ扉は個室の内側に開いたままになる作りのはずだ。つまり、誰かが利用中ならば一目瞭然、ノックする必要はない。

それがなぜ閉まっているのか。しかも、開いているところはない。

この時間に四人もの女性が館内に残業していて、示し合わせて用を足すだろうか?

だが、Lさんは警備員なのだ。この異常をしっかりと確かめなくてはいけない。

ごくりと生唾を飲み込むと、まずは一番手前のドアをノックした。


――ぎいぃ……

最初の一叩きの衝撃で内側に扉が開き、空っぽの部屋が懐中電灯に照らし出された。

「いない……」

Lさんの声だけが響いた。

隣はどうか？　そして次は？　最後は？

奥へと順に確かめていくが、どれも前回の二十三時のときと同じで、中には便座と小物置きの棚、そして予備のトイレットペーパーがあるだけだ。

「なんだったんだ、いったい？」

怖さを紛らわすため、独り言ちる。答えてくれる者などいないとわかっていても。

踵を返して出ようとした瞬間。


――ぴちょ……ざ……ざざあぁ…………


一滴水が落ちた音がしたかと思うと、一気に便器を洗浄する音が聞こえてきた。

ここは男性用小便器とは違い、自動洗浄機能はついていないのだ。

おかしい。

気のせい、空耳。有りうるはずのない期待をしつつ、ゆっくりと振り返る。

だが、彼が目にしたものは、自分が開いたままにしたドアがすべて閉まった光景だった。

絶句した。

もう先ほどのような独り言をいう余裕すら残っていない。

Lさんは、走って逃げようと出口に向かって振り向いた。

その瞬間。


――じゃあぁぁぁっ！


三つ横に並んだ手洗い場の蛇口から一斉に水が全開で流れ出した。

一瞬、恐怖に立ち尽くしたが、形振り構わずに全力で走って逃げた。エレベーターを使うことで立ち止まることすら、後ろから誰かが追ってきそうな感覚に襲われ、階段を転がり落ちるように一気に一階まで走り抜けた。

その後、警備員室に飛び込んだLさんは同僚に今あったことを捲し立てたが、信じてはもらえなかったそうだ。

業務規約には反していたが、同僚に頼み込んで一緒に巡回してもらうと、特に何事もなくビル全体を回りきってしまった。

「疲れて幻覚でも見たんじゃないか？　しっかりしろよ」

翌日、昼間の警備にやってきた仲間たちに話して回ったが、誰も信じようとせず、体調や精神を心配されてしまったそうだ。

古くからいる上司に聞いても、今までそんなことは一度もなかったし、瑕疵物件という事実もなかったそうだ。

結局、あれが何だったのかはわからないということだった。

Lさんは、今でも警備の仕事は続けているが、夜勤はできるだけ断っているとのことだ。

三十　泳

（福島県　南会津郡）

【音】エイ
【訓】お―よぐ
【意味】およぎ。およぐ。水中をおよぐ。

Wさんという五十代の男性は、川釣りが三度の飯より好きなのだそうだ。四十代のときに始めたこの趣味は、もうそろそろ十年の付き合いになる。子どもは二人いるがどちらも手が掛からない年齢になった。妻は近所の奥様たちと別の趣味を見つけたようで、Wさんは家族の誰からも文句をいわれずに専念できた。

そのWさんが怪異に遭ったのは一昨年のことだ。

ある週末のこと。

Wさんは、土曜日・日曜日の休みを利用して釣りに出掛けた。金曜日の深夜になれば釣具を担いで自宅から抜け出すのが、いつもの風景だ。

土曜の夜明け前、車を走らせて約二時間。夜は車内泊をし、日曜の深夜に帰宅をする。今回も釣三昧の二日間を過ごそうとしていた。

到着したのは、沢といって良い細い川だった。辺りにはブナや名も知らぬ草木が生い茂り、上流から下流に向かって段々構造となって流れる水が実に美しかった。これならば、テントを張り日が暮れるまでゆっくりしても飽きないだろう。

周囲を見回すと、川上に先客がひとり。

(自分が一番乗りだと思ったが上手が居たか)

上には上が居るというのは、よくあることだ。事実、こうして先を越されてしまっているではないか。嫉妬さながら心の中で地団駄を踏みつつ、横目でその男を見ると、それは釣り仲間のKさんだった。

(なんだ、あの人か。悠々自適な生活というのは、うらやましいものだ)

今回のように同好の士に現地で会うというのはよくあることだった。

ＳＮＳのコミュニティで知り合った同じ趣味の仲間たちがいる。『今はどこそこの釣り場が良いらしい』だとか『あそこで何々が釣れたようだ』とか、日本全国の同士から様々な書き込みで口コミが広まるのだという。

それを真に受けた幾人かが同じ場所に現れるというのは、当然のことだった。

（たしか、服飾関係を早期退職して企業の相談役だとかなんとか）

彼の情報もＳＮＳで本人が登録したものを読んで覚えたにすぎない。個人のトップページを閲覧すれば、どこの誰でどんな仕事をしているかなどの自己紹介がアップされている。それによれば現在は、ある企業の相談役として、週に二回程度社屋に顔を出すだけで良く、余暇は趣味に没頭しているということだった。そのプロフィールを見て、誰もがねたましいと思ったものだ。

Ｗさんはインターネットが得意ではなかったので頻繁にＳＮＳへアクセスはしなかったが、二ヶ月前にログインしたとき、この沢の情報にＫさんも食い付いていた記憶がある。

Ｋさんとは釣りに対する趣味趣向が似ているのか、出先でばったりということも少なくなかった。

上流にいるＫさんに軽く会釈をして、自分も釣る準備を始めた。ちらりと盗み見ると、背後の岸辺に道具がいくつか置かれている。まず、高級そうな布製折り畳み椅子や水筒が目についた。値が張りそうなのはそれだけではない。日除けの帽子、フィッシングベスト、レインパンツ。遠目ではあるが、どれをとっても自分が身に着けているものより高価に見受けられる。

（服飾業界のコネってやつなのか？）

財力なのか影響力なのか、高級な道具と服装。毎回見るたび、純粋に憧れる。

そして、十歳以上も年上の彼がこんな早朝から自分よりも早く釣り糸を垂らすとは。

あちらさんの方がよっぽど釣りバカだといえた。

どのくらいの時間、釣果がなかったか……。先週、信じられないくらい釣れたという評判はいったい何だったのか。Wさんは、がっかりして空を仰ぎ見た。

気が付くと薄暗かった景色は明るくなっていて、陽も十分に高くなっていた。

（いつの間に……？）

腕時計を見ると、そろそろ正午だ。昨晩の残り物でこしらえたおにぎりとペットボトルのお茶を取りに岸へ戻ろうとした。

そのとき、Kさんと目が合った気がしたので、再び会釈で挨拶をする。

そしてWさんが岸へと視線を移したときだった。


――ばしゃあっ！


何か大きいものが川の中へ落ちる音が聞こえた。

反射的にそちらへ身体ごと向くと、釣りを続行していたKさんがいなくなっていた。

（まずい！　倒れでもしたのか？）

Wさんは以前、他の釣り仲間から「桟橋で気を失って海に落っこちた奴がいた」という話を聞いたことがあった。原因は熱中症、脳梗塞、神経調節性失神と様々だが、とにかく命の危険があることに変わりはない。すぐに助けないと、病気よりも先に溺死してしまう。

咄嗟に持っていた釣具を岸に放り投げると、急いでKさんのもとへ向かった。

しかし、水の流れと膝下まである水深によって思うように走ることはできなかった。あまりに慌ててしまうと、今度は自分も水流に飲み込まれてしまう。ただ、不幸中の幸いは助けようとしている人物がほとんど流されていなかったことだ。

どうにかこうにか、近づいていくと彼はベストを着ているわけではなく、それは救命胴衣だと気づいた。ごつごつとしたライフジャケットが上等品に見えただけだった。

それがKさんを浮かび上がらせ、救助を楽にしたのはいうまでもないことだ。

「Kさん！　大丈夫ですか？」

両腕で上半身を抱え、助け起こした。


――と。


「なんだこれは⁉」

抱き起こしたそれは、Kさんではなかった。

凹凸がなく真っ白な陶器を連想させる肌、感触は筋肉や脂肪の弾力がなく樹木のように思えてしまう。その顔は、目も鼻も口もあるべきものはなく、顔面がこちらを向いているように感じられるからという希薄な理由ではあるが、Wさんをじっと見ているようだ。重量こそ人間のそれだが、とても生きている者だとは思えなかった。

「これは……これはマネキンじゃないか！」

周囲に誰がいるというわけでもないが、思わず叫んだ。

今、彼の腕の中にいるのはKさんの服装をした白いマネキン人形だ。デパートの婦人服売り場でよく見かける、あの感情を持たない人型の人工物。物言わぬ人形がそこにあった。

叫ぶと同時に『それ』を突き放す。

その反動でKさんだったはずのものが川中に投げ捨てられる。

しばらく、Wさんは呆然とその場に立ち尽くしていたそうだ。

我に返ったWさんは、川岸に上がるとKさんの持ち物を眺めていた。

どう見ても、釣り人の所持品や道具が残されている。

ふと、木の枝に引っ掛けられたジャケットに目が留まった。川に入る前、救命胴衣を身に着けるために、脱いだのだろうか。その胸ポケットから一冊の黒いスプリッドレザーのスケジュール帳が頭を覗かせている。

興味にかられ、読んでみたくなった。自由気儘《きまま》な生活とはどのようなものなのか。自分には実現できないとわかっている分、余計にその内容が気になった。

恐る恐るWさんは手を伸ばすと、ゆっくり引き抜き最初のページをめくった。

すると、今年度の四月から始まって、一日も休む間もなくびっしりと仕事や会合の予定が書き込まれていた。

（のんびりした生活を送っていたわけじゃないのか……）

その間隙を縫うようにして赤字でレジャーの時間と場所がぽつぽつと書かれている。

しかし、次のページを開いた瞬間。Wさんは衝撃でそれを手から落としてしまった。

今月の行動が書かれたものだった。

そこには今日の予定を最後に、翌日以降は何も書かれていなかった。


結局、悩んだ末、警察に通報するのはやめた。『居たはずの人物が消えてマネキンが残った。それは流されていってしまったので、どこに行ったかわからない』など、誰が信じてくれるというのか。

思い返してみれば、会釈を返された覚えがない。あれは、やはりKさんではなかったのだろうか。

帰宅したWさんは、ＳＮＳにアクセスすると、Ｋさんの話題を出してみた。普段、ネット越しにしか付き合いのない人たちの中に、誰か現実に彼を知る者がいないかと。

すると、かつての同僚だという人から、一通のダイレクトメールが送られてきた。

それには、こう書かれていた。


『Ｋは一月ほど前に亡くなりました。そして今日は奥様の命日でした』


いったい何をいわれているのか理解するのに、かなりの時間を要した。

もし、これを信じるとするならば、自分が遭った者はいったい何だったのか。

彼の職場のマネキンが彼の代わりにレジャーを楽しんでいたのか。

そして、彼の妻の命日までしか予定が埋まっていなかったのは何を意味するのか。

すべては、わからないままだということだった。

あとがき

今回も、『実話』にこだわって書かせてもらった。

本書に載せられた全ての話は、この日本のどこかにいる人物が実際に体験した話である。

怪談で、それが実話となると読者の皆様はどう思うだろうか？

ありえない、と頭から否定するのか。

半信半疑で、あってもおかしくないと思うのか。

なるほど怖い、と信じ込んでしまうのか。

当方は、どれでも良いと考えている。

怪談というのは、『死』を扱う。

ともすると、不謹慎であると断じられてしまうだろう。

しかし、平安末期から怪談は存在し、ひとつの娯楽として今現在も尚人々の間で、親しまれている。

それは、恐らく、自分ではない誰かに起こるひとつの悲劇としての一面があるからではないだろうか。

そう。『自分以外』の誰か。
つまり、『お話』として存在していると認識されているのだろう。
では、それが突然、『実話である』となったらどうだろう?
どこかで現実に起きたのだ。
それが、次に同じ体験をするのが自分ではないと、誰が言い切れるだろうか。
ある日、交通事故を目撃したとする。
では、次の被害者はあなたでないと、本当に言い張れるだろうか。

もう一度いうが、本書は誰かが『実際に体験した話』を集めて紹介している。
どう思っていただいても自由だが、これだけは忘れないでいただけると幸いだ。

最後に、今回も多くの人に取材をさせていただいた。
お名前を掲載してのお礼ができないことを謝罪するとともに、厚く御礼申し上げる。

寺井広樹

寺井広樹（てらい・ひろき）

怪談蒐集家。文筆業のかたわら、地方創生事業に進出し、企画プロデュースした「お化け屋敷電車」「まずい棒」が話題に。『怖い話』シリーズ（TOブックス）のほか、『日野日出志 トラウマ！怪奇漫画集』(イカロス出版)『ようかい　でるでるばあ!!』（彩図社)、『南米妖怪図鑑』（ロクリン社）など著書多数。映画『電車を止めるな！』では原作・脚本を務める。

正木信太郎（まさき・しんたろう）

怪談師、怪談作家。怪談会を主催し、人前で怪異を語っている。また、取材し蒐集した幽霊話、妖怪譚、奇妙な体験や不思議な見聞をまとめ、書籍として発表している。著書に『岩手の怖い話』（TOブックス)『異職怪談』（彩図社)『宿にまつわる怪異譚』（イカロス出版)、映像作品にDVD『怪奇蒐集者　正木信太郎』（楽創舎）がある。

イラスト　槇戸耀春
デザイン　南部雄佑

東北怪談～水辺で魔物が交差する～

2021年11月1日　第1刷発行

著　者　寺井広樹／正木信太郎
発行者　本田武市
発行所　ＴＯブックス
〒150-0002
東京都渋谷区渋谷三丁目1番1号
ＰＭＯ渋谷Ⅱ　11階
電話 0120-933-772（営業フリーダイヤル）
ＦＡＸ 050-3156-0508

印刷·製本　中央精版印刷株式会社

ISBN 978-4-86699-345-4
Printed in Japan